Algoritma: Seni Menguasai Konten

Dayat Suryana

Published by Dayat Suryana, 2025.

ALGORITMA: SENI MENGUASAI KONTEN

First edition. October 5, 2025.

ISBN: 979-8232842055

Written by Dayat Suryana.

Also by Dayat Suryana

Adrian
Beyond the Shadow
Echoes of Tomorrow
Out of the Shadow's Reach
The Tapestry of Emotions
Beyond The Shadows: A Journey of Redemption
The Ripple Effect: Awakening
Echoes of the Shadow
Echoes of the Source
Beyond the Shadows: A Journey of Healing
Out of the Circle of Shadows
Breaking the Cycle: Escape from the Architects
Shadow Code
Shadows of the Past
Exit the Shadow Game
Beyond the Shadow: The Labyrinth's Echo
Echoes in the Code
Escaping the Circle of Shadows
The Shadow's Game

Kisah Teladan
Kisah Teladan Jilid 1

Kisah Teladan Jilid 2

Maya

Maya

Maya Series 2

Maya Series 3

Maya Series 4

Podcast Kreator Konten

Pengembangan Jangka Panjang

Mencapai Pertumbuhan Berkelanjutan

Mengoptimalkan Potensi Digital

Membangun Loyalitas Audiens

Membangun Jaringan Yang Kuat

Meningkatkan Kualitas Dan Keterlibatan

Meningkatkan Kualitas Dan Jangkauan Konten Kreator

Membangun Dan Mengembangkan Konten Digital

Meningkatkan Pengaruh Dan Kesuksesan Konten Digital

Pengelolaan Yang Efektif Untuk Kreator Konten

Standalone

Arka

Jejak Langkah Kolaborasi

Nexus: Shattered Realities

Nexus: Echoes of the Machine

The Quiet After the Storm

Power of Tomorrow

The Dawn of the Forgotten Era

The Trials of Solara
The Last Haven
The Wise King's Wall
The Forgotten Road
Menggapai Surga
Mount of Waste
Mengubah Sampah Menjadi Penghasilan
14 February
The Journey of Redemption: From Despair to Hope
The Heart's Faith
The Silence of the Net
Golden Mountain
Keindahan Akhlak dalam Kehidupan Seorang Pemuda
90% Success
Algoritma: Seni Menguasai Konten
Penjaga Tersembunyi

Daftar Isi

Kata Pengantar

Di era digital yang terus berkembang dengan pesat seperti sekarang, istilah "algoritma" semakin sering kita dengar dan menjadi bagian penting dalam kehidupan sehari-hari, baik dalam dunia teknologi, bisnis, maupun interaksi sosial. Algoritma bukan hanya sekadar rumus atau kode komputer, tetapi merupakan pola dan sistem yang mengatur cara kerja berbagai aspek kehidupan modern, mulai dari konten yang kita konsumsi, perilaku konsumen di pasar, hingga media sosial yang kita gunakan setiap hari.

Buku ini hadir sebagai panduan lengkap untuk memahami konsep dan aplikasi algoritma dalam berbagai bidang yang relevan dengan kebutuhan masa kini. Dengan menggabungkan teori dasar, studi kasus, dan tips praktis, buku ini berupaya membuka wawasan bagi pembaca agar tidak hanya menjadi pengguna pasif, tetapi juga pelaku aktif yang mampu memanfaatkan algoritma secara optimal.

Di dalamnya, Anda akan menemukan pembahasan mendalam mulai dari algoritma konten dan pasar, hingga bagaimana algoritma media sosial seperti YouTube, TikTok, dan Instagram bekerja dan dapat dimanfaatkan untuk mencapai tujuan pribadi maupun bisnis. Tidak hanya itu, buku ini juga mengajak pembaca untuk memahami "algoritma hidup", bagaimana menerapkan pola pikir algoritmis dalam mengatur kehidupan agar lebih terstruktur, efisien, dan sukses.

Saya berharap buku ini dapat menjadi sumber inspirasi dan pengetahuan bagi para profesional, pelaku bisnis, kreator konten, maupun siapa saja yang ingin memahami dinamika dunia digital dan algoritma secara menyeluruh. Semoga pembaca dapat mengaplikasikan ilmu yang didapat dan meraih hasil yang maksimal dalam setiap langkah yang diambil.

Terima kasih telah memilih buku ini sebagai teman belajar dan pengembangan diri Anda. Selamat membaca dan semoga sukses!

Bandung, September 2025

Dayat Suryana

Pendahuluan

Di zaman yang serba digital dan terkoneksi ini, algoritma telah menjadi jantung dari berbagai sistem yang kita gunakan setiap hari. Mulai dari pencarian di internet, rekomendasi film atau musik, hingga konten yang muncul di media sosial, semua diatur oleh algoritma yang kompleks dan terus berkembang. Meskipun banyak yang sering mendengar istilah algoritma, tidak semua orang benar-benar memahami bagaimana algoritma bekerja, apalagi bagaimana memanfaatkannya untuk keuntungan pribadi maupun bisnis.

Buku ini disusun dengan tujuan memberikan pemahaman menyeluruh tentang berbagai jenis algoritma yang berperan besar dalam kehidupan modern, mulai dari algoritma konten, algoritma pasar dan perilaku konsumen, algoritma media sosial yang memungkinkan sebuah konten menjadi viral, hingga konsep algoritma hidup yang dapat membantu kita menjalani kehidupan dengan lebih terstruktur dan efektif.

Algoritma tidak lagi hanya domain para teknisi atau ahli komputer. Kini, siapa pun yang memahami prinsip dasar dan cara kerja algoritma dapat mengambil langkah strategis yang lebih cerdas dalam mengelola bisnis, menciptakan konten yang relevan, membangun jaringan sosial yang kuat, dan bahkan merancang kehidupan pribadi yang lebih bermakna.

Melalui 53 bab yang disusun secara sistematis, buku ini tidak hanya memberikan teori, tetapi juga praktik nyata dan tips yang dapat langsung diterapkan. Setiap bab membawa Anda selangkah demi selangkah mengenal lebih dalam tentang bagaimana algoritma memengaruhi dunia kita dan bagaimana kita bisa mengoptimalkannya.

Dalam bab-bab terakhir, khususnya, Anda akan menemukan pembahasan mendalam tentang algoritma platform media sosial populer seperti YouTube, TikTok, dan Instagram, platform yang saat ini menjadi arena utama untuk berbagi informasi, berbisnis, dan berinteraksi sosial.

Saya percaya, dengan memahami dan menguasai algoritma, pembaca akan lebih siap menghadapi tantangan dan peluang di era digital ini. Selamat memulai perjalanan pengetahuan ini, semoga buku ini menjadi sumber inspirasi dan panduan yang bermanfaat untuk Anda.

Bab 1:
Pengantar Dunia Algoritma

Apa itu Algoritma?

Kata "algoritma" mungkin terdengar teknis dan hanya relevan bagi mereka yang berkecimpung dalam dunia komputer dan teknologi. Namun, sebenarnya algoritma adalah sesuatu yang sangat dekat dan bahkan sudah kita gunakan sehari-hari, bahkan tanpa kita sadari. Secara sederhana, algoritma adalah sebuah langkah-langkah atau prosedur sistematis yang digunakan untuk menyelesaikan suatu masalah atau mencapai suatu tujuan.

Bayangkan kamu ingin membuat secangkir kopi. Proses membuat kopi tersebut sebenarnya adalah sebuah algoritma: mulai dari memasukkan air ke dalam ketel, menyalakan kompor, menunggu hingga air mendidih, memasukkan bubuk kopi ke cangkir, menuangkan air panas ke dalam cangkir, dan akhirnya mengaduknya. Jika kamu mengikuti langkah-langkah ini secara berurutan, maka kamu akan mendapatkan secangkir kopi.

Dalam dunia komputer, algoritma adalah dasar utama yang menjadi instruksi yang dijalankan oleh program untuk melakukan tugas tertentu. Dari hal yang sederhana seperti menampilkan gambar di layar sampai hal yang sangat kompleks seperti mengenali wajah dalam foto, semuanya menggunakan algoritma.

Sejarah Singkat Algoritma

Kata "algoritma" berasal dari nama seorang matematikawan Persia abad ke-9, Muhammad ibn Musa al-Khwarizmi. Ia dikenal sebagai bapak aljabar dan penulis karya-karya penting yang membahas tentang penyelesaian masalah secara sistematis, yang kemudian dikenal sebagai algoritma.

Pada awalnya, algoritma hanya dikaitkan dengan perhitungan matematika dan prosedur penyelesaian masalah secara manual. Namun, dengan berkembangnya teknologi komputer pada abad ke-20, istilah algoritma berkembang menjadi instruksi atau prosedur yang bisa dijalankan oleh mesin.

Era modern algoritma dimulai ketika Alan Turing, seorang matematikawan Inggris, memperkenalkan konsep mesin Turing pada tahun 1936, yang menjadi dasar teori komputasi modern. Algoritma kemudian menjadi pondasi bagi berbagai aplikasi komputer, mulai dari program sederhana sampai kecerdasan buatan.

Mengapa Algoritma Penting?

Saat ini, hampir setiap aspek kehidupan kita berkaitan dengan algoritma, meskipun kita tidak selalu menyadarinya. Algoritma mengatur bagaimana aplikasi media sosial menampilkan konten, bagaimana Google memunculkan hasil pencarian yang relevan, hingga bagaimana layanan streaming seperti Netflix merekomendasikan film favorit.

Pentingnya algoritma dapat dirasakan dari beberapa hal berikut:

1. **Efisiensi:** Algoritma membantu kita menyelesaikan masalah dengan cara yang paling efisien, baik itu waktu maupun sumber daya. Misalnya, algoritma pencarian yang efisien memungkinkan kita menemukan informasi yang kita butuhkan dalam hitungan detik.
2. **Otomatisasi:** Algoritma memungkinkan berbagai proses dilakukan secara otomatis tanpa intervensi manusia yang terus menerus. Contohnya, sistem pembayaran otomatis, sistem rekomendasi, dan chatbot.
3. **Skalabilitas:** Dengan algoritma yang tepat, sistem dapat

menangani jutaan pengguna atau data tanpa kehilangan performa. Ini sangat penting dalam dunia digital yang terus berkembang pesat.

4. **Pengambilan Keputusan:** Algoritma dapat membantu kita membuat keputusan berdasarkan data dan pola, sehingga mengurangi kesalahan akibat asumsi atau bias manusia.

Algoritma dalam Kehidupan Sehari-hari

Selain dalam dunia teknologi, algoritma juga ada di sekitar kita dalam berbagai bentuk, termasuk dalam kehidupan sehari-hari. Contohnya:

- **Memasak:** Resep masakan adalah algoritma yang memberikan langkah-langkah untuk menghasilkan makanan tertentu.

- **Perjalanan:** Saat menggunakan aplikasi navigasi seperti Google Maps, algoritma menentukan rute tercepat berdasarkan kondisi lalu lintas saat itu.

- **Manajemen Waktu:** Jadwal harian yang kamu buat sebenarnya adalah algoritma yang mengatur bagaimana kamu membagi waktu untuk berbagai aktivitas.

- **Pengambilan Keputusan:** Dalam memilih pakaian, kamu mungkin menggunakan pola tertentu yang bisa dianggap sebagai algoritma sederhana, seperti mengecek cuaca, jenis acara, dan preferensi pribadi.

Jenis-Jenis Algoritma

Algoritma hadir dalam berbagai bentuk dan kategori, tergantung pada masalah yang ingin diselesaikan dan cara penyelesaiannya. Berikut adalah beberapa jenis algoritma yang sering ditemui:

1. **Algoritma Linier:** Algoritma yang berjalan secara berurutan dari langkah pertama hingga terakhir, seperti resep masak yang harus diikuti urutannya.
2. **Algoritma Rekursif:** Algoritma yang memanggil dirinya sendiri untuk menyelesaikan bagian kecil dari masalah sampai ke kasus dasar, misalnya algoritma untuk menghitung faktorial.
3. **Algoritma Divide and Conquer:** Metode yang membagi masalah besar menjadi bagian-bagian kecil yang lebih mudah diselesaikan, kemudian hasilnya digabungkan kembali.
4. **Algoritma Greedy (Serakah):** Algoritma yang selalu memilih solusi terbaik pada setiap langkah dengan harapan hasil akhirnya optimal.
5. **Algoritma Dynamic Programming:** Digunakan untuk masalah yang memiliki sub-masalah yang saling tumpang tindih dan solusinya disimpan agar tidak dihitung ulang.
6. **Algoritma Heuristik:** Algoritma yang digunakan untuk masalah yang sulit dipecahkan secara tepat dengan pendekatan yang "cukup baik" dalam waktu yang cepat.

Bagaimana Algoritma Berfungsi di Media Sosial dan Pasar?

Dalam buku ini, kita akan membahas secara mendalam bagaimana algoritma digunakan dalam beberapa bidang khusus, yaitu media sosial, pasar atau perilaku konsumen, dan juga dalam kehidupan sehari-hari.

- **Media Sosial:** Algoritma menentukan konten apa yang muncul di feed kita berdasarkan interaksi kita sebelumnya, preferensi, waktu, dan popularitas konten tersebut. Dengan memahami cara kerja algoritma ini, kita dapat membuat konten yang lebih mudah viral.

- **Pasar dan Konsumen:** Algoritma menganalisis data pembelian, kebiasaan konsumsi, dan tren pasar untuk membantu perusahaan menawarkan produk yang tepat kepada konsumen yang tepat pada waktu yang tepat.

- **Kehidupan Sehari-hari:** Algoritma dapat membantu kita mengatur waktu, membuat keputusan yang lebih baik, dan meningkatkan kualitas hidup melalui pendekatan yang sistematis dan berbasis data.

Bagaimana Membaca Buku Ini?

Buku ini disusun agar pembaca dari berbagai latar belakang, baik yang baru mengenal algoritma maupun yang sudah memiliki dasar, dapat memahami dan mempraktikkan algoritma dalam kehidupan mereka. Setiap bab akan dimulai dengan konsep dasar, diikuti dengan contoh aplikasi nyata dan tips praktis.

Selain itu, buku ini juga akan menyediakan studi kasus dan latihan yang dapat membantu pembaca menerapkan ilmu yang diperoleh dalam situasi sehari-hari, terutama dalam dunia digital dan bisnis.

Penutup Bab

Memahami algoritma bukan hanya untuk programmer atau ahli komputer saja. Di dunia yang semakin terdigitalisasi, kemampuan memahami dan menggunakan algoritma adalah keterampilan penting yang dapat membuka banyak peluang, baik dalam karir, bisnis, maupun kehidupan pribadi.

Bab-bab berikutnya akan membawa kamu menyelami berbagai algoritma mulai dari yang paling sederhana hingga yang kompleks, serta bagaimana kamu bisa menggunakan algoritma tersebut untuk membuat konten viral, memahami pasar, dan menjalani hidup lebih optimal.

Bab 2:
Sejarah dan Perkembangan Algoritma

Pendahuluan

Algoritma, meskipun terlihat seperti konsep modern yang erat kaitannya dengan teknologi komputer, sebenarnya memiliki akar sejarah yang sangat panjang dan menarik. Perjalanan algoritma dari konsep sederhana yang digunakan dalam matematika hingga menjadi inti dari teknologi digital masa kini merupakan sebuah kisah yang mencakup beragam budaya dan perkembangan ilmu pengetahuan.

Dalam bab ini, kita akan menyusuri sejarah algoritma, mulai dari zaman kuno, kontribusi berbagai tokoh penting, hingga bagaimana algoritma berkembang pesat seiring kemajuan teknologi komputer dan kecerdasan buatan.

Algoritma di Zaman Kuno

Konsep Awal dan Matematika Kuno

Konsep algoritma pada dasarnya adalah prosedur atau metode langkah demi langkah untuk menyelesaikan masalah. Meskipun istilah "algoritma" baru dikenal pada Abad Pertengahan, prinsip-prinsipnya sudah digunakan sejak zaman kuno.

- **Mesir Kuno:** Bangsa Mesir menggunakan metode sistematis untuk melakukan perhitungan matematis, seperti menghitung luas tanah atau volume bangunan. Misalnya, papirus Rhind yang berisi kumpulan soal matematika dan prosedur penyelesaiannya adalah contoh awal algoritma.

- **Babylon:** Mereka menggunakan sistem bilangan dan metode perhitungan yang terstruktur, termasuk algoritma untuk operasi aritmatika dasar.

- **Matematika Yunani:** Tokoh seperti Euclid menulis "Elements", sebuah karya besar yang berisi algoritma, salah satunya adalah Algoritma Euclid untuk mencari faktor persekutuan terbesar (FPB). Algoritma Euclid ini masih digunakan sampai sekarang karena sangat efisien dan sederhana.

Muhammad ibn Musa al-Khwarizmi dan Asal Usul Kata "Algoritma"

Nama "algoritma" berasal dari nama seorang matematikawan dan ilmuwan Persia abad ke-9, Muhammad ibn Musa al-Khwarizmi. Ia menulis buku penting berjudul "Kitab al-Jabr wa-l-Muqabala" yang menjadi fondasi ilmu aljabar modern.

Selain karya dalam aljabar, al-Khwarizmi juga menulis tentang metode penyelesaian masalah numerik yang sistematis, yang kemudian dikenal sebagai algoritma. Istilah ini pada awalnya berbentuk "algorism" yang kemudian berkembang menjadi "algorithm" dalam bahasa Inggris.

Kontribusi al-Khwarizmi sangat besar, karena ia membantu menyebarkan sistem bilangan desimal dan metode perhitungan yang lebih efisien ke dunia Barat, menggantikan sistem bilangan Romawi yang rumit.

Algoritma dalam Era Abad Pertengahan dan Renaisans

Pada masa Abad Pertengahan, karya-karya al-Khwarizmi diterjemahkan ke bahasa Latin dan menjadi bahan pembelajaran utama di Eropa. Ilmu matematika dan algoritma mulai berkembang lebih lanjut.

Tokoh penting lainnya yang berkontribusi pada perkembangan algoritma adalah:

- **Leonardo Fibonacci (1170–1250):** Ia memperkenalkan deret Fibonacci, yang memiliki aplikasi dalam berbagai bidang seperti ilmu komputer, biologi, dan keuangan.

- **John Napier (1550–1617):** Penemu logaritma, yang merupakan konsep penting dalam perhitungan dan membantu mempercepat proses matematika.

Perkembangan alat hitung mekanis juga mulai terjadi, seperti alat hitung Pascal dan mesin analitik milik Charles Babbage yang dipandang sebagai cikal bakal komputer modern.

Revolusi Industri dan Algoritma Komputasi

Masuk ke abad ke-19 dan ke-20, perkembangan mesin hitung dan logika matematika membawa algoritma ke tingkat yang lebih tinggi.

Charles Babbage dan Mesin Analitik

Charles Babbage, seorang matematikawan Inggris, merancang mesin analitik (Analytical Engine) yang merupakan konsep komputer mekanis pertama yang dapat diprogram. Mesin ini dirancang untuk menjalankan algoritma dalam bentuk instruksi yang disusun di kartu berlubang (punch cards).

Mesin analitik Babbage tidak pernah selesai dibangun secara fisik pada zamannya, tetapi konsep ini menjadi dasar bagi komputer modern.

Ada Lovelace: Programmer Pertama

Ada Lovelace, yang bekerja sama dengan Babbage, dikenal sebagai programmer pertama di dunia. Ia menulis instruksi pertama yang akan dijalankan oleh mesin analitik, yang sekarang dianggap sebagai algoritma pertama yang diprogram untuk mesin.

Kontribusi Lovelace membuka jalan bagi pemahaman bahwa algoritma tidak hanya sekedar prosedur matematika, tapi bisa diimplementasikan dalam mesin.

Era Komputer Digital dan Algoritma Modern

Alan Turing dan Mesin Turing

Pada tahun 1936, Alan Turing memperkenalkan konsep Mesin Turing, sebuah model matematis dari mesin komputasi yang dapat menjalankan algoritma apa pun selama algoritma tersebut dapat dinyatakan secara formal.

Konsep Mesin Turing menjadi landasan teori komputasi modern, membantu memahami batasan apa yang bisa dan tidak bisa dihitung oleh mesin.

Perang Dunia II dan Mesin Enigma

Selama Perang Dunia II, algoritma menjadi sangat penting dalam kriptografi dan penguraian kode. Tim Alan Turing di Bletchley Park mengembangkan algoritma untuk memecahkan kode mesin Enigma milik Nazi, yang membantu Sekutu memenangkan perang.

Ini merupakan contoh nyata bagaimana algoritma memiliki dampak besar pada sejarah dunia.

Perkembangan Algoritma di Era Komputer Digital

Setelah perang, komputer digital mulai berkembang pesat dan algoritma menjadi pusat perhatian dalam pengembangan perangkat lunak.

Algoritma Klasik

Algoritma pengurutan seperti **bubble sort**, **merge sort**, dan **quick sort** mulai dikembangkan dan dipelajari secara intensif. Algoritma-algoritma ini menjadi fondasi dalam pengolahan data dan pemrograman.

Algoritma dalam Kecerdasan Buatan (AI)

Pada tahun 1950-an dan 60-an, muncul kecerdasan buatan (AI), yang sangat bergantung pada algoritma untuk memproses data dan mengambil keputusan. Algoritma pencarian, algoritma pembelajaran mesin, dan jaringan saraf mulai dikembangkan.

Seiring waktu, algoritma AI semakin kompleks dan mampu mengerjakan tugas-tugas yang sebelumnya hanya bisa dilakukan manusia, seperti mengenali wajah, memahami bahasa, dan bermain catur.

Algoritma dalam Dunia Digital Masa Kini

Di era internet dan media sosial, algoritma menjadi jantung dari banyak teknologi yang kita gunakan setiap hari.

- **Algoritma Media Sosial:** Platform seperti Facebook, Instagram, TikTok, dan YouTube menggunakan algoritma canggih untuk menentukan konten apa yang harus muncul di feed pengguna agar tetap menarik dan membuat pengguna betah berlama-lama.

- **Algoritma Rekomendasi:** Netflix, Spotify, dan Amazon menggunakan algoritma rekomendasi untuk menawarkan film, musik, atau produk yang paling sesuai dengan preferensi pengguna.

- **Algoritma Big Data:** Dengan jumlah data yang terus meningkat, algoritma big data memungkinkan analisis data dalam skala besar dan menghasilkan insight yang berharga bagi bisnis dan penelitian.

Tren Masa Depan dalam Perkembangan Algoritma

Teknologi algoritma terus berkembang dengan pesat, terutama dalam bidang berikut:

- **Quantum Computing:** Komputer kuantum menjanjikan kemampuan untuk menjalankan algoritma dengan kecepatan yang jauh lebih tinggi dibanding komputer klasik, membuka potensi baru dalam pemecahan masalah kompleks.

- **AI dan Machine Learning:** Algoritma pembelajaran yang semakin canggih memungkinkan mesin untuk belajar secara mandiri dan mengambil keputusan yang lebih baik.

- **Algoritma Etis dan Transparan:** Dengan semakin besarnya pengaruh algoritma, muncul kebutuhan akan pengembangan algoritma yang adil, transparan, dan bebas bias agar teknologi dapat digunakan untuk kebaikan bersama.

Kesimpulan Bab

Sejarah algoritma menunjukkan bahwa konsep ini bukanlah hal baru, tetapi telah berkembang selama ribuan tahun dan melibatkan banyak peradaban dan tokoh besar. Dari metode perhitungan kuno hingga kecerdasan buatan modern, algoritma telah menjadi fondasi bagi kemajuan teknologi dan kehidupan sehari-hari.

Memahami sejarah ini penting agar kita bisa lebih menghargai bagaimana algoritma bekerja dan peran besarnya dalam dunia modern. Bab-bab berikutnya akan membawa kamu untuk lebih memahami berbagai jenis algoritma dan bagaimana cara mengaplikasikannya dalam berbagai bidang, terutama di media sosial, pasar, dan kehidupan sehari-hari.

Bab 3:
Konsep Dasar Algoritma dan Struktur Data

Pendahuluan

Setelah memahami sejarah dan pentingnya algoritma dalam bab sebelumnya, kini saatnya kita memasuki bagian teknis dari dunia algoritma, yaitu konsep dasar yang menjadi fondasi dalam membuat dan memahami algoritma yang efektif. Pada bab ini, kita akan membahas apa itu algoritma secara lebih rinci, bagaimana cara menyusunnya, dan juga konsep penting yang berkaitan dengan struktur data.

Struktur data adalah "wadah" yang digunakan untuk menyimpan dan mengorganisir data sehingga algoritma dapat bekerja dengan efisien. Tanpa struktur data yang tepat, sebuah algoritma bisa jadi lambat dan boros sumber daya.

Apa itu Algoritma?

Secara formal, algoritma adalah sekumpulan instruksi yang jelas dan terbatas jumlahnya yang digunakan untuk menyelesaikan masalah tertentu atau melakukan tugas tertentu dalam waktu terbatas. Algoritma harus memiliki beberapa sifat, yaitu:

1. **Input:** Algoritma menerima nol atau lebih input dari luar.
2. **Output:** Algoritma menghasilkan setidaknya satu output yang merupakan solusi dari masalah.
3. **Finiteness (Terbatas):** Algoritma harus berakhir setelah sejumlah langkah tertentu, tidak berjalan selamanya.
4. **Definiteness (Jelas):** Setiap langkah harus jelas dan tidak

ambigu.

5. **Effectiveness (Efektif):** Setiap langkah harus sederhana dan dapat dilakukan dalam waktu yang wajar.

Mengapa Algoritma Harus Efisien?

Dalam dunia nyata, efisiensi algoritma adalah kunci. Algoritma yang kurang efisien bisa menyebabkan program berjalan sangat lambat, menghabiskan memori berlebihan, atau bahkan tidak bisa menyelesaikan masalah yang besar dalam waktu yang wajar.

Efisiensi algoritma biasanya diukur dari:

- **Waktu Eksekusi (Time Complexity):** Seberapa cepat algoritma menyelesaikan tugasnya.

- **Penggunaan Memori (Space Complexity):** Seberapa banyak memori yang digunakan oleh algoritma.

Kedua aspek ini penting dan seringkali menjadi pertimbangan utama dalam memilih algoritma yang tepat untuk sebuah masalah.

Cara Menyusun Algoritma

Ada beberapa cara populer untuk menyusun algoritma, antara lain:

1. Pseudocode

Pseudocode adalah cara menuliskan algoritma menggunakan bahasa manusia yang terstruktur mirip dengan bahasa pemrograman, tapi lebih sederhana dan mudah dipahami. Contoh pseudocode untuk algoritma mencari nilai maksimum dalam daftar angka:

1. Mulai
2. Set max = nilai elemen pertama

3. Untuk setiap elemen dalam daftar:

- Jika elemen > max, maka max = elemen

1. Kembalikan max
2. Selesai

2. Flowchart

Flowchart adalah diagram yang menunjukkan langkah-langkah algoritma menggunakan simbol-simbol grafis seperti kotak proses, diamond untuk pengambilan keputusan, dan panah aliran.

Flowchart sangat berguna untuk memvisualisasikan algoritma agar lebih mudah dipahami dan dianalisis.

Contoh Algoritma Sederhana

Mari kita lihat contoh algoritma sederhana untuk menghitung faktorial sebuah angka n.

- **Deskripsi masalah:** Faktorial dari n (ditulis n!) adalah hasil perkalian semua bilangan bulat positif dari 1 sampai n.

- **Algoritma faktorial (pseudocode):**

1. Mulai
2. Input n
3. Set hasil = 1
4. Untuk i dari 1 sampai n:

- hasil = hasil * i

1. Cetak hasil

2. Selesai

Struktur Data: Dasar untuk Algoritma Efektif

Algoritma tidak berdiri sendiri, mereka selalu bekerja dengan data. Struktur data adalah cara kita mengorganisir dan menyimpan data agar algoritma dapat mengakses dan memanipulasi data tersebut dengan efisien.

Berikut adalah beberapa struktur data dasar yang perlu kamu ketahui:

1. Array (Larikan)

Array adalah kumpulan elemen data yang disimpan secara berurutan dan memiliki indeks. Elemen dalam array dapat diakses secara langsung menggunakan indeksnya.

- **Kelebihan:** Akses data sangat cepat.
- **Kekurangan:** Ukuran array harus ditentukan di awal dan sulit untuk diubah.

2. Linked List (Daftar Tertaut)

Linked list adalah kumpulan elemen yang disebut node, dimana setiap node berisi data dan referensi ke node berikutnya.

- **Kelebihan:** Ukuran dapat berubah secara dinamis.
- **Kekurangan:** Akses data lebih lambat dibanding array karena harus melalui referensi node per node.

3. Stack (Tumpukan)

Stack adalah struktur data yang mengikuti prinsip Last In First Out (LIFO), dimana elemen terakhir yang dimasukkan adalah elemen pertama yang dikeluarkan.

- **Contoh penggunaan:** Undo di aplikasi, tumpukan panggilan fungsi.

4. Queue (Antrian)

Queue adalah struktur data yang mengikuti prinsip First In First Out (FIFO), dimana elemen pertama yang masuk adalah elemen pertama yang keluar.

- **Contoh penggunaan:** Antrian cetak, manajemen proses.

5. Tree (Pohon)

Tree adalah struktur data hierarki yang terdiri dari node dengan hubungan parent dan child. Tree banyak digunakan untuk representasi data yang bersifat hierarkis.

- **Contoh:** Struktur file di komputer, pohon keputusan.

6. Graph (Graf)

Graph adalah kumpulan node (vertices) yang saling terhubung dengan edge (sisi). Graph digunakan untuk memodelkan jaringan, seperti jaringan sosial atau peta jalan.

Algoritma dan Struktur Data: Hubungan yang Tak Terpisahkan

Struktur data adalah wadah penyimpanan, sementara algoritma adalah cara kita mengolah data tersebut. Contohnya:

- Algoritma pencarian bekerja dengan baik jika struktur data dioptimalkan.
- Algoritma pengurutan membutuhkan data yang bisa diakses dengan mudah dan dimanipulasi, seperti array.
- Algoritma traversal dalam pohon dan graph memerlukan struktur data yang sesuai agar dapat berjalan efisien.

Contoh: Algoritma Pencarian Linear dan Binary Search

Pencarian Linear

Pencarian linear adalah algoritma sederhana untuk mencari sebuah elemen dalam daftar dengan memeriksa satu per satu dari awal sampai akhir.

- **Keunggulan:** Mudah diimplementasikan, cocok untuk daftar kecil atau tidak terurut.
- **Kelemahan:** Tidak efisien untuk daftar besar karena waktu pencarian linear dengan jumlah elemen.

Pseudocode pencarian linear:

1. Mulai
2. Input daftar dan elemen yang dicari

3. Untuk setiap elemen dalam daftar:

- Jika elemen sama dengan elemen yang dicari, kembalikan posisi

1. Jika tidak ditemukan, kembalikan -1
2. Selesai

Pencarian Binary (Binary Search)

Binary search jauh lebih cepat dari pencarian linear tapi membutuhkan data yang sudah terurut.

- **Cara kerja:** Membagi daftar menjadi dua bagian dan membandingkan elemen tengah dengan target, kemudian mencari di bagian yang sesuai secara rekursif.

Pseudocode binary search:

1. Mulai
2. Input daftar terurut dan elemen yang dicari
3. Set low = 0, high = panjang daftar - 1
4. Selama low <= high:

- mid = (low + high) / 2
- Jika daftar[mid] == elemen yang dicari, kembalikan mid
- Jika daftar[mid] < elemen yang dicari, low = mid + 1
- Jika daftar[mid] > elemen yang dicari, high = mid - 1

1. Jika tidak ditemukan, kembalikan -1
2. Selesai

Studi Kasus: Memilih Struktur Data dan Algoritma yang Tepat

Misalnya kamu ingin membuat aplikasi yang mengelola data pelanggan toko online:

- Data pelanggan sering ditambahkan dan dihapus.
- Kamu perlu mencari pelanggan berdasarkan ID dengan cepat.
- Kamu ingin menyimpan data dengan urutan tertentu.

Solusi:

- Gunakan **hash table** atau **dictionary** untuk pencarian cepat berdasarkan ID.

- Gunakan **linked list** atau **tree** untuk menyimpan data dengan urutan tertentu.

- Algoritma yang digunakan akan bergantung pada struktur data ini agar efisien.

Tips Praktis Membuat Algoritma

1. **Pahami Masalah dengan Baik:** Sebelum membuat algoritma, pastikan kamu memahami tujuan dan batasan masalah.
2. **Pecah Masalah Besar menjadi Bagian Kecil:** Gunakan metode divide and conquer untuk membuat algoritma yang modular dan mudah dipahami.
3. **Gunakan Struktur Data yang Tepat:** Pilih struktur data yang paling sesuai dengan jenis data dan operasi yang akan dilakukan.
4. **Uji Algoritma Secara Bertahap:** Buat dan uji algoritma

langkah demi langkah untuk memastikan setiap bagian berfungsi dengan baik.

5. **Perhatikan Efisiensi:** Evaluasi waktu dan ruang yang dibutuhkan, dan cari cara mengoptimalkan jika memungkinkan.

Kesimpulan Bab

Bab ini membahas konsep dasar algoritma dan struktur data, dua hal yang saling melengkapi dan sangat penting untuk dipahami jika ingin mendalami dunia algoritma lebih jauh. Algoritma adalah serangkaian instruksi jelas yang bertujuan menyelesaikan masalah, sedangkan struktur data adalah cara mengorganisasi data agar algoritma dapat bekerja secara efisien.

Dengan memahami konsep dasar ini, kamu sudah memiliki bekal yang kuat untuk mempelajari algoritma-algoritma yang lebih kompleks dan aplikasinya dalam berbagai bidang, mulai dari media sosial, pasar, hingga kehidupan sehari-hari.

Bab 4:

Algoritma Konten. Cara Membuat Konten yang Efektif dan Viral

Pendahuluan

Di era digital saat ini, konten adalah raja. Dari artikel blog, video YouTube, hingga postingan media sosial, konten yang baik dan menarik mampu memengaruhi jutaan orang. Namun, hanya membuat konten yang bagus saja tidak cukup. Di balik itu semua, ada algoritma yang mengatur bagaimana konten tersebut didistribusikan dan disajikan kepada audiens.

Bab ini akan mengupas tentang algoritma konten, bagaimana cara kerja algoritma di berbagai platform digital, faktor apa saja yang membuat konten efektif dan viral, serta bagaimana kamu bisa merancang konten yang sesuai dengan algoritma tersebut agar bisa menjangkau audiens yang lebih luas dan berdampak.

1. Memahami Algoritma Konten: Apa dan Bagaimana?

Apa itu Algoritma Konten?

Algoritma konten adalah rangkaian aturan dan perhitungan matematis yang digunakan oleh platform digital (seperti Google, YouTube, Instagram, TikTok) untuk menentukan konten mana yang akan ditampilkan kepada pengguna. Algoritma ini berfungsi untuk:

- Menentukan relevansi konten terhadap minat pengguna.
- Menentukan kualitas dan keunikan konten.

- Mengoptimalkan pengalaman pengguna agar mereka tetap betah dan kembali lagi.

Bagaimana Algoritma Bekerja?

Setiap platform memiliki algoritma yang unik, tetapi secara umum algoritma bekerja berdasarkan:

- **Interaksi pengguna:** Seperti klik, like, komentar, share, dan waktu tonton.

- **Relevansi konten:** Menggunakan kata kunci, metadata, dan konteks untuk mencocokkan konten dengan preferensi pengguna.

- **Kredibilitas dan otoritas:** Seberapa terpercaya pembuat konten atau sumbernya.

- **Konsistensi dan frekuensi:** Seberapa sering pembuat konten mempublikasikan konten baru.

Contohnya, YouTube menggunakan algoritma yang sangat kompleks yang memperhitungkan waktu tonton dan engagement untuk merekomendasikan video yang akan muncul di feed pengguna.

2. Faktor-Faktor Utama dalam Algoritma Konten

2.1. Relevansi dan Personalization

Algoritma berusaha menampilkan konten yang paling relevan dengan preferensi dan kebiasaan pengguna. Untuk itu, algoritma menggunakan data historis tentang aktivitas pengguna, termasuk:

- Jenis konten yang sering ditonton.
- Kata kunci yang sering dicari.
- Interaksi dengan konten tertentu.

2.2. Engagement (Interaksi Pengguna)

Engagement adalah indikator utama yang menunjukkan seberapa menarik sebuah konten. Interaksi seperti like, komentar, share, dan waktu tonton menjadi sinyal kuat bagi algoritma bahwa konten tersebut berkualitas.

- Semakin banyak interaksi, semakin besar kemungkinan konten muncul di feed lebih banyak orang.

- Komentar dan share biasanya lebih bernilai daripada sekadar like.

2.3. Waktu Tonton dan Retensi

Di platform video seperti YouTube dan TikTok, durasi pengguna menonton video sangat penting.

- Video dengan waktu tonton panjang dan tingkat retensi tinggi (pengguna menonton sampai akhir) dianggap lebih berkualitas.

- Video yang kehilangan penonton di awal dianggap kurang menarik.

2.4. Konsistensi dan Frekuensi Posting

Algoritma menghargai pembuat konten yang konsisten dalam memproduksi dan mengupload konten.

- Konsistensi membantu algoritma memprediksi kapan dan bagaimana konten baru akan muncul.

- Pembuat konten yang sering update biasanya mendapatkan lebih banyak perhatian.

2.5. Kualitas Konten dan Kredibilitas

Konten yang original, informatif, dan tidak mengandung unsur plagiat lebih disukai oleh algoritma.

- Platform seperti Google semakin mengutamakan konten yang terpercaya dan relevan.

- Konten yang menyebarkan informasi palsu atau clickbait bisa mendapat penalti.

3. Strategi Membuat Konten yang Efektif dan Viral

Membuat konten yang viral memang tidak mudah dan tidak ada rumus pasti. Namun, ada beberapa strategi dan prinsip yang bisa kamu terapkan untuk meningkatkan peluang kontenmu disukai algoritma dan menjangkau audiens lebih luas.

3.1. Kenali Target Audiensmu

Sebelum membuat konten, pahami siapa yang ingin kamu jangkau.

- Apa masalah dan kebutuhan mereka?
- Apa yang mereka cari di internet?
- Jenis konten apa yang mereka konsumsi?

Menyesuaikan konten dengan kebutuhan audiens akan meningkatkan relevansi dan engagement.

3.2. Buat Judul dan Thumbnail yang Menarik

Judul dan thumbnail adalah kesan pertama yang menentukan apakah pengguna akan mengklik kontenmu.

- Gunakan judul yang jelas, singkat, dan menggugah rasa penasaran.
- Buat thumbnail yang visualnya menarik dan mudah dikenali.

3.3. Buat Konten yang Bernilai dan Mudah Dipahami

Konten harus memberikan manfaat kepada audiens.

- Bisa berupa edukasi, hiburan, inspirasi, atau solusi.
- Gunakan bahasa yang mudah dipahami dan visual yang mendukung.

3.4. Optimalkan SEO (Search Engine Optimization)

Untuk konten berbasis teks atau video di platform seperti Google dan YouTube, SEO sangat penting.

- Gunakan kata kunci yang relevan dalam judul, deskripsi, dan tag.
- Buat konten yang menjawab pertanyaan atau masalah yang sering dicari.

3.5. Manfaatkan Tren dan Hashtag

Ikuti tren yang sedang populer di media sosial untuk meningkatkan jangkauan.

- Gunakan hashtag yang sedang viral dan relevan dengan kontenmu.

- Ikut challenge atau topik yang sedang ramai diperbincangkan.

3.6. Gunakan Call to Action (CTA)

Ajak audiens untuk berinteraksi, misalnya dengan mengomentari, membagikan, atau mengikuti akunmu.

- Interaksi pengguna adalah sinyal kuat bagi algoritma.
- CTA juga membangun komunitas dan loyalitas audiens.

4. Algoritma Konten di Berbagai Platform Populer

4.1. Algoritma YouTube

YouTube menggunakan algoritma yang fokus pada:

- **Waktu tonton:** Semakin lama orang menonton videomu, semakin bagus nilai videomu.

- **Frekuensi upload:** Konsistensi dan jumlah video juga diperhitungkan.

- **Interaksi:** Like, komentar, dan share juga memengaruhi.

- **Rekomendasi:** Video yang mirip dengan video yang sering ditonton pengguna akan direkomendasikan.

4.2. Algoritma Instagram

Instagram menggunakan algoritma yang mengutamakan:

- **Interaksi pengguna:** Seberapa sering kamu berinteraksi dengan akun tertentu.

- **Waktu posting:** Konten yang baru lebih prioritas muncul di feed.

- **Jenis konten:** Foto, video, stories, reels memiliki perbedaan jangkauan.

- **Kredibilitas akun:** Akun dengan reputasi baik dan sering berinteraksi akan lebih diutamakan.

4.3. Algoritma TikTok

TikTok memiliki algoritma rekomendasi yang sangat canggih, dikenal sebagai "For You Page" (FYP).

- Fokus pada **retensi video**, interaksi, dan personalisasi.

- TikTok juga menilai konten berdasarkan jenis perangkat, lokasi, dan preferensi pengguna.

- Algoritma cepat mengenali jenis konten yang diminati pengguna dan langsung menyesuaikan feed.

5. Kesalahan Umum dalam Membuat Konten dan Cara Menghindarinya

5.1. Fokus Hanya pada Jumlah, Bukan Kualitas

Sering kali pembuat konten hanya mengejar kuantitas posting tanpa memperhatikan kualitas. Ini bisa membuat audiens bosan dan algoritma menurunkan prioritas konten.

5.2. Mengabaikan Engagement dengan Audiens

Tidak menanggapi komentar atau feedback dari audiens bisa membuat mereka merasa diabaikan, yang berdampak negatif pada interaksi dan loyalitas.

5.3. Tidak Memperhatikan Tren dan Perubahan Algoritma

Algoritma platform selalu berubah. Tidak mengikuti update dan tren bisa membuat kontenmu tidak relevan.

5.4. Clickbait yang Berlebihan

Judul atau thumbnail yang menipu hanya akan membuat audiens kecewa dan cepat meninggalkan konten, yang bisa menurunkan rating algoritma.

6. Studi Kasus: Konten Viral di YouTube dan TikTok

Contoh Kasus YouTube: Video Tutorial yang Mendadak Viral

Seorang kreator mengunggah video tutorial membuat kue unik dengan teknik sederhana. Video ini viral karena:

- Judul menarik dan jelas.
- Konten informatif dengan visual yang menarik.
- Durasi tidak terlalu panjang, sehingga penonton menonton sampai akhir.
- Kreator konsisten mengunggah video baru setiap minggu.

Hasilnya, video masuk ke rekomendasi banyak pengguna dan subscriber kreator meningkat drastis.

Contoh Kasus TikTok: Challenge Dance Viral

Challenge dance dengan lagu tertentu menjadi viral karena:

- Lagu sedang populer.
- Gerakan dance sederhana dan mudah diikuti.
- Banyak pengguna ikut membuat video dengan hashtag yang sama.
- Algoritma TikTok memprioritaskan video dengan banyak interaksi dan retensi tinggi.

7. Tips Praktis Menggunakan Algoritma untuk Bisnis dan Pemasaran Konten

7.1. Analisis Data dan Statistik

Gunakan fitur analytics yang disediakan platform untuk mengetahui:

- Jenis konten yang paling banyak ditonton.
- Demografi audiens.
- Waktu terbaik untuk posting.

7.2. Uji Coba dan Iterasi

Tidak ada rumus pasti untuk viral. Lakukan eksperimen dengan berbagai jenis konten, waktu posting, dan gaya penyajian.

7.3. Bangun Komunitas

Libatkan audiens secara aktif agar mereka merasa menjadi bagian dari komunitasmu. Ini meningkatkan engagement dan loyalitas.

7.4. Kolaborasi dengan Kreator Lain

Kolaborasi bisa membantu menjangkau audiens baru dan menambah kredibilitas.

Kesimpulan Bab

Algoritma konten adalah kunci sukses dalam dunia digital saat ini. Memahami bagaimana algoritma bekerja dan bagaimana membuat konten yang sesuai dengan algoritma tersebut dapat meningkatkan peluang kontenmu menjangkau lebih banyak orang dan bahkan viral. Kunci utamanya adalah membuat konten yang relevan, berkualitas, dan mampu mengajak audiens untuk berinteraksi. Selain itu, konsistensi, pemanfaatan tren, dan analisis data akan membantu kamu terus beradaptasi dengan perubahan algoritma dan kebutuhan audiens.

Bab 5:

Algoritma Pasar dan Konsumen. Memahami dan Mengoptimalkan Perilaku Konsumen melalui Algoritma

Pendahuluan

Dalam dunia bisnis dan pemasaran, memahami perilaku konsumen adalah kunci sukses utama. Namun, dengan begitu banyak data yang tersedia saat ini, memahami perilaku tersebut secara manual sangat sulit dan tidak efisien. Di sinilah peran algoritma pasar dan konsumen muncul sebagai solusi. Algoritma ini mampu menganalisis pola-pola perilaku konsumen, preferensi, dan tren pasar secara cepat dan akurat.

Bab ini membahas konsep dasar algoritma pasar dan konsumen, bagaimana algoritma ini digunakan dalam dunia bisnis dan pemasaran, serta bagaimana kamu dapat memanfaatkan algoritma ini untuk meningkatkan efektivitas strategi pemasaran dan bisnis kamu.

1. Memahami Algoritma Pasar dan Konsumen

1.1. Apa Itu Algoritma Pasar dan Konsumen?

Algoritma pasar dan konsumen adalah model matematis dan prosedur komputasi yang digunakan untuk menganalisis data pasar dan perilaku konsumen, mengidentifikasi pola, memprediksi tren, dan membantu pengambilan keputusan bisnis.

Algoritma ini dapat digunakan untuk:

- Memprediksi kebutuhan dan preferensi konsumen.
- Mengoptimalkan penawaran produk dan harga.
- Menentukan segmen pasar yang tepat.
- Menyusun strategi pemasaran yang efektif dan personalisasi.

1.2. Sumber Data untuk Algoritma Pasar dan Konsumen

Data adalah bahan bakar utama bagi algoritma ini. Beberapa sumber data yang biasa digunakan antara lain:

- Data transaksi pembelian.
- Data demografi konsumen.
- Data perilaku browsing dan interaksi digital.
- Data feedback dan ulasan konsumen.
- Data sosial media dan tren.

Dengan analisis data tersebut, algoritma dapat menemukan pola dan insight yang tersembunyi yang tidak terlihat secara kasat mata.

2. Jenis-Jenis Algoritma Pasar dan Konsumen

2.1. Algoritma Segmentasi Pasar

Segmentasi pasar adalah proses membagi pasar menjadi kelompok-kelompok konsumen dengan karakteristik yang serupa. Algoritma segmentasi menggunakan teknik clustering seperti K-Means, Hierarchical Clustering, dan DBSCAN untuk mengelompokkan data konsumen berdasarkan perilaku, demografi, atau preferensi.

Contoh:

Sebuah perusahaan pakaian menggunakan segmentasi pasar untuk mengelompokkan konsumennya berdasarkan usia, jenis kelamin, dan preferensi gaya pakaian agar kampanye pemasaran bisa lebih tepat sasaran.

2.2. Algoritma Prediksi Perilaku Konsumen

Algoritma ini menggunakan teknik machine learning seperti regresi, decision tree, dan neural network untuk memprediksi perilaku konsumen di masa depan, misalnya kemungkinan membeli produk tertentu atau churn (berhenti menggunakan produk).

Contoh:

Sebuah layanan streaming memprediksi pelanggan yang kemungkinan berhenti berlangganan dan mengirimkan penawaran khusus untuk mempertahankan mereka.

2.3. Algoritma Rekomendasi Produk

Algoritma rekomendasi bekerja dengan menganalisis data preferensi dan perilaku konsumen untuk memberikan rekomendasi produk yang relevan. Contohnya adalah algoritma collaborative filtering dan content-based filtering.

Contoh:

Amazon dan Netflix menggunakan algoritma rekomendasi untuk menyarankan produk atau film yang sesuai dengan preferensi pengguna berdasarkan riwayat pembelian atau tontonan mereka.

2.4. Algoritma Penetapan Harga Dinamis

Algoritma ini membantu perusahaan menyesuaikan harga produk secara real-time berdasarkan permintaan pasar, kompetisi, dan faktor lain seperti waktu, lokasi, dan stok.

Contoh:

Maskapai penerbangan dan hotel sering menggunakan algoritma harga dinamis untuk mengoptimalkan pendapatan berdasarkan fluktuasi permintaan.

3. Cara Kerja Algoritma Pasar dan Konsumen

3.1. Pengumpulan Data

Langkah pertama adalah mengumpulkan data dari berbagai sumber yang relevan, seperti sistem penjualan, CRM, website, dan media sosial.

3.2. Pembersihan dan Pengolahan Data

Data yang dikumpulkan biasanya masih mentah dan tidak terstruktur. Proses pembersihan data dilakukan untuk menghilangkan data yang duplikat, tidak lengkap, atau tidak relevan agar hasil analisis lebih akurat.

3.3. Analisis dan Pelatihan Model

Data yang sudah bersih akan dianalisis menggunakan algoritma statistik dan machine learning. Model dilatih dengan data historis untuk mengenali pola dan hubungan antara variabel.

3.4. Evaluasi Model

Model yang dibuat diuji menggunakan data yang belum pernah dilihat sebelumnya untuk mengevaluasi keakuratan dan performanya.

3.5. Implementasi dan Monitoring

Model yang sudah valid kemudian diimplementasikan ke sistem bisnis dan terus dimonitor untuk memastikan tetap relevan dan akurat saat digunakan dalam situasi nyata.

4. Aplikasi Algoritma Pasar dan Konsumen dalam Bisnis

4.1. Pemasaran yang Lebih Tepat Sasaran

Dengan algoritma segmentasi dan prediksi, perusahaan dapat membuat kampanye pemasaran yang lebih personal dan efektif, menargetkan konsumen yang paling potensial.

4.2. Personalisasi Pengalaman Pelanggan

Algoritma rekomendasi memungkinkan perusahaan memberikan pengalaman yang disesuaikan dengan preferensi individu, meningkatkan kepuasan dan loyalitas pelanggan.

4.3. Optimalisasi Stok dan Supply Chain

Dengan analisis tren permintaan menggunakan algoritma prediksi, perusahaan dapat mengatur stok dan rantai pasok dengan lebih efisien, mengurangi biaya dan risiko kekurangan barang.

4.4. Pengambilan Keputusan Bisnis Berbasis Data

Data-driven decision making memungkinkan manajemen membuat keputusan strategis yang lebih tepat berdasarkan analisis dan insight yang diberikan oleh algoritma.

5. Studi Kasus: Algoritma Pasar dan Konsumen di Perusahaan E-Commerce

Studi Kasus 1: Personalisasi Rekomendasi di Tokopedia

Tokopedia menggunakan algoritma rekomendasi produk untuk memberikan saran produk yang relevan kepada penggunanya. Dengan menganalisis riwayat pencarian dan pembelian, mereka bisa meningkatkan tingkat konversi penjualan dan kepuasan pelanggan.

Studi Kasus 2: Penetapan Harga Dinamis di Traveloka

Traveloka menggunakan algoritma harga dinamis untuk menyesuaikan harga tiket pesawat dan hotel secara real-time berdasarkan permintaan dan musim. Ini membantu mereka memaksimalkan pendapatan sekaligus menawarkan harga kompetitif kepada konsumen.

6. Tips Praktis Memanfaatkan Algoritma Pasar dan Konsumen

6.1. Mulai dengan Data yang Berkualitas

Kualitas data adalah kunci utama. Pastikan data yang kamu kumpulkan valid, lengkap, dan terstruktur dengan baik.

6.2. Gunakan Tools dan Software yang Tepat

Ada banyak tools analitik dan machine learning yang tersedia, seperti Python, R, Tableau, Google Analytics, dan platform AI seperti TensorFlow dan Azure ML.

6.3. Terus Lakukan Evaluasi dan Update Model

Pasar dan konsumen berubah seiring waktu. Model algoritma juga harus terus diperbarui agar tetap relevan dan akurat.

6.4. Jangan Lupakan Etika dan Privasi

Penggunaan data konsumen harus mematuhi aturan privasi dan etika. Selalu transparan dan jaga keamanan data pelanggan.

7. Tantangan dalam Implementasi Algoritma Pasar dan Konsumen

7.1. Kompleksitas Data

Data yang sangat besar dan beragam bisa sulit untuk diolah dan dianalisis.

7.2. Kesalahan Prediksi

Model tidak selalu 100% akurat. Prediksi yang salah bisa berakibat buruk pada bisnis.

7.3. Perubahan Tren dan Perilaku

Perubahan cepat dalam tren dan perilaku konsumen membutuhkan penyesuaian algoritma secara berkala.

7.4. Keterbatasan Sumber Daya

Perusahaan kecil mungkin kesulitan mengakses teknologi dan tenaga ahli yang dibutuhkan.

Kesimpulan Bab

Algoritma pasar dan konsumen adalah alat yang sangat kuat dalam membantu bisnis memahami perilaku konsumen dan memaksimalkan peluang di pasar. Dengan data yang tepat dan algoritma yang baik, kamu dapat membuat keputusan bisnis yang lebih cerdas, melakukan pemasaran yang lebih tepat sasaran, dan memberikan pengalaman pelanggan yang lebih personal.

Memahami konsep, jenis, dan aplikasi algoritma ini akan membekalimu dalam mengelola bisnis di era digital yang semakin kompleks dan kompetitif. Selalu ingat untuk menggunakan data dengan bijak dan menjaga kepercayaan konsumen.

Bab 6:

Algoritma Media Sosial Agar Viral. Strategi dan Teknik Memaksimalkan Jangkauan di Platform Sosial

Pendahuluan

Media sosial telah menjadi salah satu sarana terkuat dalam komunikasi, pemasaran, dan membangun komunitas. Namun, dengan begitu banyak konten yang diunggah setiap detiknya, bagaimana sebuah konten bisa menembus kebisingan dan menjadi viral? Kunci utama adalah memahami algoritma media sosial.

Setiap platform media sosial memiliki algoritma yang mengatur konten mana yang akan dilihat oleh pengguna. Algoritma ini bukan hanya soal teknis, tetapi juga psikologis, bagaimana algoritma memprediksi apa yang ingin dilihat oleh pengguna berdasarkan perilaku mereka.

Bab ini akan membahas cara kerja algoritma media sosial utama (seperti Facebook, Instagram, Twitter, TikTok), serta strategi dan teknik yang bisa kamu gunakan agar kontenmu viral dan menjangkau audiens lebih luas.

1. Mengenal Algoritma Media Sosial

1.1. Apa Itu Algoritma Media Sosial?

Algoritma media sosial adalah sistem yang mengatur dan menyusun konten yang muncul di feed pengguna berdasarkan relevansi dan minat mereka. Tujuan utama algoritma adalah:

- Menjaga pengguna betah berlama-lama di platform.

- Menampilkan konten yang paling mungkin menarik perhatian pengguna.
- Meminimalkan konten spam atau yang tidak relevan.

1.2. Faktor-Faktor yang Dipertimbangkan Algoritma

Secara umum, algoritma mempertimbangkan beberapa faktor berikut untuk menentukan konten mana yang akan ditampilkan:

- **Interaksi pengguna:** Like, komentar, share, klik, dan waktu tonton.

- **Hubungan antar pengguna:** Seberapa dekat hubungan kamu dengan pembuat konten (teman dekat, keluarga, sering berinteraksi).

- **Relevansi konten:** Berdasarkan kata kunci, tagar, dan preferensi pengguna.

- **Waktu posting:** Konten terbaru biasanya diprioritaskan.

- **Format konten:** Beberapa platform lebih memprioritaskan video, live, atau stories.

2. Algoritma Facebook dan Instagram

2.1. Cara Kerja Algoritma Facebook

Facebook menggunakan algoritma bernama **EdgeRank** yang terus berkembang. Algoritma ini bekerja dengan menghitung tiga komponen utama:

- **Affinity:** Seberapa dekat hubungan kamu dengan pembuat konten.

- **Weight:** Jenis interaksi, misalnya komentar dan share memiliki bobot lebih tinggi daripada like.

- **Decay:** Seberapa baru konten tersebut.

Facebook juga mengutamakan konten yang mendorong interaksi berkualitas, seperti diskusi dan komentar yang panjang.

2.2. Cara Kerja Algoritma Instagram

Instagram, yang dimiliki oleh Facebook, memiliki algoritma yang serupa tetapi lebih fokus pada:

- **Interaksi terakhir:** Seberapa sering kamu berinteraksi dengan akun tertentu.

- **Waktu posting:** Konten terbaru lebih disukai.

- **Jenis konten:** Instagram reels dan stories lebih diprioritaskan saat ini.

- **Minat pengguna:** Berdasarkan perilaku interaksi sebelumnya.

Instagram juga menggunakan fitur **Explore** yang memunculkan konten baru berdasarkan minat pengguna.

3. Algoritma TikTok

TikTok memiliki algoritma yang sangat canggih dan responsif, yang menjadi alasan utama mengapa konten viral dengan cepat di platform ini.

3.1. Faktor Penentu Rekomendasi TikTok

- **Interaksi pengguna:** Like, share, komentar, dan waktu tonton.
- **Informasi video:** Caption, hashtag, suara atau lagu yang digunakan.
- **Pengaturan perangkat dan akun:** Lokasi, bahasa, tipe perangkat.
- **Retensi penonton:** Semakin lama video ditonton, semakin baik nilainya.

3.2. Kunci Viral di TikTok

- **Konten singkat dan menarik di awal video.**
- **Gunakan lagu dan hashtag yang sedang tren.**
- **Konsistensi upload dan interaksi dengan pengguna lain.**

4. Algoritma Twitter

Twitter menggunakan algoritma yang mengatur timeline pengguna menjadi dua jenis:

- **Top Tweets:** Menampilkan tweet yang dianggap paling relevan dan menarik berdasarkan interaksi.

- **Latest Tweets:** Menampilkan tweet secara kronologis.

4.1. Faktor Algoritma Twitter

- **Interaksi dengan akun:** Seberapa sering kamu berinteraksi dengan akun tertentu.

- **Popularitas tweet:** Jumlah retweet, like, dan komentar.

- **Kepopuleran akun pembuat tweet.**

- **Topik dan hashtag yang sedang tren.**

5. Strategi Agar Konten Viral di Media Sosial

5.1. Kenali Audiens dan Sesuaikan Konten

Kenali siapa target audiensmu, usia, minat, perilaku, dan buat konten yang sesuai dengan mereka. Konten yang relevan cenderung mendapatkan engagement lebih tinggi.

5.2. Buat Konten Berkualitas dan Unik

- Gunakan visual yang menarik dan kualitas tinggi.
- Berikan nilai tambah seperti edukasi, hiburan, atau inspirasi.
- Hindari plagiarisme dan konten yang menyesatkan.

5.3. Manfaatkan Fitur Khusus Platform

Setiap platform punya fitur khusus seperti Instagram Stories, TikTok Duet, atau Twitter Spaces. Gunakan fitur ini untuk meningkatkan interaksi dan eksposur.

5.4. Gunakan Hashtag dan Kata Kunci yang Tepat

Hashtag membantu algoritma mengkategorikan kontenmu dan menampilkan ke audiens yang tertarik dengan topik tersebut.

5.5. Konsistensi dan Timing Posting

Posting secara konsisten pada waktu yang tepat sesuai dengan aktivitas audiens akan membantu meningkatkan jangkauan konten.

5.6. Ajak Audiens Berinteraksi

Gunakan call to action (CTA) untuk mengajak audiens like, komentar, share, atau menyimpan konten. Interaksi ini sangat penting agar algoritma menilai kontenmu menarik.

6. Kesalahan yang Harus Dihindari

- **Overposting:** Terlalu sering posting bisa dianggap spam dan menurunkan engagement.

- **Clickbait:** Judul atau thumbnail yang menipu dapat merusak reputasi dan menurunkan engagement jangka panjang.

- **Mengabaikan Interaksi:** Tidak membalas komentar atau pesan dapat membuat audiens merasa diabaikan.

- **Mengabaikan Analytics:** Tidak memantau performa konten akan membuat kamu tidak tahu apa yang berhasil dan gagal.

7. Studi Kasus Viral Media Sosial

Studi Kasus 1: Konten Viral Instagram - @HumansofNY

Humans of New York menggunakan narasi manusia yang kuat dan foto yang menarik. Algoritma Instagram memprioritaskan konten yang mendapatkan banyak komentar dan share, sehingga akun ini terus tumbuh dengan audiens yang loyal.

Studi Kasus 2: TikTok Viral Challenge

Challenge dance dengan lagu tertentu yang mudah diikuti dan menarik secara visual dapat dengan cepat menjadi viral di TikTok. Misalnya, #RenegadeChallenge yang menggabungkan musik dan gerakan mudah diikuti jutaan pengguna.

8. Tips Praktis untuk Meningkatkan Jangkauan dan Viralitas

- Pelajari analytics secara rutin untuk mengetahui waktu terbaik posting dan jenis konten yang paling diminati.
- Berinteraksi dengan audiens, balas komentar dan pesan secara aktif.
- Kolaborasi dengan influencer atau kreator lain untuk menjangkau audiens baru.
- Gunakan storytelling untuk membangun koneksi emosional dengan audiens.
- Eksperimen dengan berbagai format konten, seperti video pendek, carousel, dan live streaming.

Kesimpulan Bab

Memahami dan mengoptimalkan algoritma media sosial adalah keterampilan penting di era digital saat ini. Dengan strategi yang tepat, kamu bisa membuat konten yang tidak hanya dilihat, tetapi juga dibagikan dan diingat oleh banyak orang. Viralitas bukan hanya soal keberuntungan, melainkan hasil dari pemahaman mendalam terhadap algoritma, audiens, dan kreativitas konten.

Bab 7:

Algoritma Hidup. Cara Mengoptimalkan Pola dan Keputusan dalam Kehidupan Sehari-hari dengan Pendekatan Algoritma

Pendahuluan

Dalam dunia teknologi, algoritma adalah serangkaian instruksi sistematis untuk menyelesaikan masalah atau mencapai tujuan tertentu. Namun, apakah algoritma hanya milik komputer dan teknologi? Jawabannya tidak. Kita sebagai manusia sebenarnya juga menjalani "algoritma hidup", pola, kebiasaan, dan proses pengambilan keputusan yang membentuk perjalanan hidup kita.

Bab ini akan membahas bagaimana kamu bisa menerapkan prinsip algoritma dalam kehidupan sehari-hari untuk membuat keputusan yang lebih efektif, mengelola waktu dan sumber daya dengan lebih baik, serta membangun pola hidup yang positif dan produktif.

1. Memahami Algoritma Hidup

1.1. Apa Itu Algoritma Hidup?

Algoritma hidup adalah pendekatan sistematis dalam mengelola aktivitas, pengambilan keputusan, dan interaksi agar hasil yang diinginkan tercapai secara optimal. Ini berarti hidup tidak hanya berdasarkan perasaan atau kebiasaan acak, tapi dijalankan dengan strategi, evaluasi, dan penyesuaian terus-menerus.

1.2. Mengapa Penting Menggunakan Algoritma

dalam Hidup?

- **Efisiensi:** Membantu mengoptimalkan penggunaan waktu dan energi.

- **Konsistensi:** Menjaga kestabilan dalam mencapai tujuan.

- **Pengambilan Keputusan:** Mengurangi bias dan kebingungan dalam memilih tindakan.

- **Pertumbuhan:** Membuka peluang untuk perbaikan diri dan adaptasi.

2. Komponen Utama Algoritma Hidup

2.1. Tujuan yang Jelas

Setiap algoritma perlu tujuan akhir. Dalam hidup, tujuan ini bisa berupa karier, kesehatan, hubungan, atau kebahagiaan.

2.2. Input Data (Informasi dan Sumber Daya)

Informasi yang kamu miliki seperti pengalaman, pengetahuan, serta sumber daya (waktu, uang, energi).

2.3. Proses dan Langkah

Rangkaian tindakan atau kebiasaan yang diulang secara konsisten untuk mencapai tujuan.

2.4. Evaluasi dan Feedback

Proses menilai hasil dari langkah yang diambil dan melakukan penyesuaian bila diperlukan.

3. Menggunakan Algoritma Hidup dalam Pengambilan Keputusan

3.1. Langkah 1: Identifikasi Masalah atau Pilihan

Pertama, tentukan masalah atau keputusan apa yang harus diambil.

3.2. Langkah 2: Kumpulkan Informasi

Cari informasi yang relevan dan akurat. Misalnya, jika ingin pindah kerja, kumpulkan data tentang perusahaan, prospek, dan kondisi pasar kerja.

3.3. Langkah 3: Buat Alternatif

Tuliskan pilihan yang ada dan kemungkinan hasilnya.

3.4. Langkah 4: Evaluasi Alternatif

Analisis kelebihan dan kekurangan tiap pilihan, baik secara rasional maupun emosional.

3.5. Langkah 5: Pilih dan Implementasikan

Ambil keputusan dan jalankan langkah-langkah yang diperlukan.

3.6. Langkah 6: Review dan Evaluasi

Setelah keputusan diimplementasikan, evaluasi hasil dan pelajari dari pengalaman.

4. Membuat Pola Hidup Positif dengan Algoritma

4.1. Algoritma Rutinitas Harian

Membangun rutinitas yang konsisten seperti tidur cukup, olahraga, belajar, dan istirahat dapat meningkatkan kualitas hidup. Buat jadwal harian dan ikuti dengan disiplin.

4.2. Algoritma Produktivitas

Gunakan teknik seperti **Pomodoro** (25 menit kerja, 5 menit istirahat), atau metode **Eisenhower Matrix** untuk memprioritaskan tugas.

4.3. Algoritma Pengelolaan Emosi

Latih diri mengenali dan mengelola emosi dengan teknik mindfulness atau jurnal harian.

5. Algoritma Mengelola Hubungan Sosial

5.1. Input: Kenali Orang dan Hubungan

Pahami karakter, kebutuhan, dan cara berkomunikasi orang-orang di sekitar kamu.

5.2. Proses: Interaksi Berkualitas

Luangkan waktu berkualitas, dengarkan dengan aktif, dan beri dukungan.

5.3. Evaluasi: Refleksi dan Penyesuaian

Perhatikan respon dan hubungan yang terjalin, dan lakukan perbaikan bila perlu.

6. Algoritma Mengelola Waktu dan Sumber Daya

6.1. Analisis Waktu

Catat bagaimana kamu menggunakan waktu selama seminggu, lalu identifikasi pemborosan waktu.

6.2. Prioritas

Fokus pada hal yang berdampak besar dan sesuaikan dengan tujuan hidupmu.

6.3. Otomatisasi dan Delegasi

Manfaatkan teknologi dan bantuan orang lain untuk mengurangi beban.

7. Studi Kasus Algoritma Hidup dalam Praktek

Studi Kasus 1: Mengatasi Prokrastinasi

Dengan membuat algoritma sederhana: Tetapkan tujuan kecil → Buat jadwal → Gunakan timer Pomodoro → Evaluasi hasil → Sesuaikan metode.

Studi Kasus 2: Meningkatkan Kesehatan

Rangkaian algoritma: Cek pola makan → Buat jadwal olahraga → Tidur cukup → Monitor kesehatan → Evaluasi dan adaptasi.

8. Tips Praktis Menerapkan Algoritma Hidup

- **Mulai dari yang kecil:** Jangan mencoba merombak seluruh hidup sekaligus.
- **Gunakan tools:** Aplikasi manajemen tugas, kalender, dan jurnal.
- **Jadilah fleksibel:** Siap adaptasi bila ada perubahan kondisi.
- **Evaluasi rutin:** Sisihkan waktu untuk merefleksi dan perbaiki algoritmamu.
- **Belajar dari kegagalan:** Anggap kegagalan sebagai feedback untuk perbaikan.

Kesimpulan Bab

Algoritma hidup adalah pendekatan sistematis yang dapat membantumu menjalani hidup lebih terarah, efisien, dan bermakna. Dengan menerapkan prinsip-prinsip algoritma dalam pengambilan keputusan, pengelolaan waktu, dan pembangunan kebiasaan positif, kamu dapat mengoptimalkan potensi diri dan mencapai tujuan dengan lebih mudah.

Hidup yang "di-algoritma-kan" bukan berarti kaku dan monoton, tapi terorganisir dan adaptif terhadap perubahan. Selalu evaluasi dan sesuaikan algoritmamu agar tetap relevan dengan tujuan dan keadaanmu.

Bab 8:

Algoritma Pasar dan Konsumen. Memahami Perilaku Konsumen dan Strategi Algoritmik untuk Meningkatkan Penjualan dan Loyalitas Pelanggan

Pendahuluan

Di dunia bisnis, memahami pasar dan perilaku konsumen adalah kunci sukses. Seiring berkembangnya teknologi, perusahaan kini semakin mengandalkan algoritma untuk mengumpulkan data, menganalisis pola, dan merancang strategi pemasaran yang tepat sasaran. Algoritma pasar dan konsumen adalah alat yang sangat powerful untuk mengoptimalkan penjualan dan membangun loyalitas pelanggan.

Bab ini akan mengupas cara kerja algoritma dalam analisis pasar, perilaku konsumen, dan bagaimana kamu bisa menerapkannya untuk mengembangkan bisnis secara efektif.

1. Apa Itu Algoritma Pasar dan Konsumen?

1.1. Definisi dan Peran

Algoritma pasar dan konsumen adalah model matematis dan prosedur analitis yang digunakan untuk memproses data pasar dan perilaku pembeli. Algoritma ini dapat:

- Mengidentifikasi tren dan pola beli.
- Memprediksi kebutuhan dan preferensi konsumen.

- Mengoptimalkan strategi harga, promosi, dan distribusi.
- Menyesuaikan penawaran produk secara real-time.

1.2. Manfaat Algoritma bagi Bisnis

- **Efisiensi:** Meminimalkan biaya pemasaran dengan target yang tepat.
- **Personalization:** Menyediakan pengalaman unik untuk tiap pelanggan.
- **Pengambilan Keputusan Cepat:** Responsif terhadap perubahan pasar.
- **Loyalitas Pelanggan:** Membangun hubungan jangka panjang yang kuat.

2. Data sebagai Fondasi Algoritma Pasar

2.1. Jenis Data Konsumen

- **Data Demografis:** Usia, jenis kelamin, lokasi.

- **Data Psikografis:** Gaya hidup, minat, nilai.

- **Data Perilaku:** Riwayat pembelian, waktu browsing, interaksi di media sosial.

- **Data Transaksi:** Jumlah pembelian, frekuensi, metode pembayaran.

2.2. Pengumpulan Data

Data dapat dikumpulkan melalui berbagai sumber seperti:

- Website dan aplikasi bisnis.

- Media sosial.
- Program loyalitas.
- Survei dan feedback pelanggan.

3. Analisis dan Segmentasi Pasar dengan Algoritma

3.1. Segmentasi Pasar

Algoritma menggunakan data untuk mengelompokkan konsumen berdasarkan karakteristik dan perilaku mereka. Segmentasi ini memungkinkan bisnis menyesuaikan strategi pemasaran untuk tiap kelompok.

3.2. Metode Segmentasi

- **Segmentasi Demografis:** Membagi pasar berdasarkan umur, jenis kelamin, dll.

- **Segmentasi Geografis:** Berdasarkan lokasi pelanggan.

- **Segmentasi Psikografis:** Berdasarkan kepribadian dan gaya hidup.

- **Segmentasi Perilaku:** Berdasarkan pola pembelian dan penggunaan produk.

4. Algoritma Prediksi Perilaku Konsumen

4.1. Model Prediktif

Algoritma prediksi menggunakan machine learning untuk memproses data besar dan memprediksi perilaku konsumen seperti kemungkinan pembelian, respon terhadap promosi, dan risiko churn.

4.2. Contoh Implementasi

- **Rekomendasi Produk:** Seperti yang dilakukan oleh Amazon dan Netflix.
- **Penargetan Iklan:** Menampilkan iklan sesuai minat dan kebiasaan pengguna.
- **Forecasting Penjualan:** Memperkirakan permintaan produk di masa depan.

5. Optimasi Harga dan Promosi dengan Algoritma

5.1. Dynamic Pricing

Algoritma dapat menyesuaikan harga secara otomatis berdasarkan permintaan, persaingan, dan waktu. Contoh: tiket pesawat dan e-commerce.

5.2. Penentuan Diskon dan Promosi

Algoritma membantu menentukan kapan dan bagaimana memberikan diskon agar meningkatkan penjualan tanpa merugikan margin keuntungan.

6. Meningkatkan Loyalitas Pelanggan dengan Algoritma

6.1. Personalisasi Pengalaman Pelanggan

Dengan data dan algoritma, bisnis dapat menciptakan pengalaman yang sesuai dengan preferensi individu, seperti rekomendasi produk dan layanan khusus.

6.2. Program Loyalitas Cerdas

Algoritma membantu mendesain program loyalitas yang memberi reward tepat waktu dan relevan, sehingga meningkatkan retensi pelanggan.

6.3. Analisis Sentimen Pelanggan

Menggunakan algoritma untuk menganalisis feedback dan ulasan pelanggan untuk memperbaiki layanan dan produk.

7. Tantangan dan Etika dalam Penggunaan Algoritma Pasar

7.1. Privasi dan Keamanan Data

Pengumpulan dan penggunaan data harus mematuhi regulasi dan menjaga privasi pelanggan.

7.2. Bias Algoritma

Perlu hati-hati agar algoritma tidak memperkuat bias atau diskriminasi yang tidak diinginkan.

7.3. Transparansi

Bisnis perlu transparan tentang bagaimana data digunakan dan memberikan pilihan kepada pelanggan.

8. Studi Kasus Algoritma Pasar dan Konsumen

Studi Kasus 1: Amazon dan Sistem Rekomendasi Produk

Amazon menggunakan algoritma canggih untuk menganalisis riwayat pembelian dan browsing pelanggan, sehingga mampu memberikan rekomendasi yang sangat relevan dan meningkatkan penjualan.

Studi Kasus 2: Starbucks dan Personalisasi Loyalty Program

Starbucks menggabungkan data transaksi dan preferensi pelanggan untuk menyesuaikan penawaran dan reward yang membuat pelanggan lebih loyal.

9. Tips Praktis Menggunakan Algoritma Pasar untuk Bisnis Kecil dan Menengah

- Mulai dengan data yang ada dan gunakan tools analitik sederhana.
- Gunakan segmentasi untuk menyesuaikan pesan pemasaran.
- Manfaatkan media sosial untuk mengumpulkan data perilaku konsumen.
- Eksperimen dengan personalisasi untuk meningkatkan engagement.

- Evaluasi hasil secara rutin dan adaptasi strategi.

Kesimpulan Bab

Algoritma pasar dan konsumen memberikan kekuatan besar bagi bisnis untuk memahami dan melayani pelanggan dengan lebih baik. Dengan memanfaatkan data dan teknologi secara etis, kamu dapat mengembangkan bisnis yang lebih responsif, efisien, dan berorientasi pada pelanggan. Algoritma bukan hanya tentang angka dan teknologi, tapi juga seni memahami manusia dan membangun hubungan yang langgeng.

Bab 9:

Algoritma Konten. Teknik Membuat Konten Efektif dan Menarik untuk Menjangkau Audiens Lebih Luas

Pendahuluan

Di era digital saat ini, konten adalah raja. Namun, membuat konten saja tidak cukup. Konten harus disusun dan dioptimalkan agar dapat ditemukan, dikonsumsi, dan dibagikan oleh audiens target. Di sinilah peran algoritma konten menjadi sangat penting. Algoritma konten tidak hanya menentukan konten apa yang muncul di feed atau hasil pencarian, tetapi juga bagaimana konten tersebut harus dibuat agar resonan dan relevan.

Bab ini akan membahas secara mendalam bagaimana algoritma konten bekerja dan teknik-teknik membuat konten yang tidak hanya menarik tetapi juga "disukai" oleh algoritma sehingga dapat menjangkau audiens lebih luas.

1. Memahami Algoritma Konten

1.1. Apa Itu Algoritma Konten?

Algoritma konten adalah sistem yang mengatur penampilan konten digital di platform online, baik itu media sosial, blog, maupun mesin pencari. Algoritma ini menggunakan berbagai faktor untuk menilai dan memutuskan konten mana yang layak untuk diprioritaskan dan ditampilkan ke pengguna.

1.2. Faktor-Faktor Penentu Algoritma Konten

- **Relevansi:** Seberapa sesuai konten dengan minat dan kebutuhan audiens.
- **Interaksi:** Jumlah like, komentar, share, dan waktu tonton.
- **Kualitas Konten:** Orisinalitas, kejelasan, dan nilai tambah.
- **Konsistensi:** Frekuensi dan jadwal posting.
- **Format dan Media:** Teks, gambar, video, audio, dll.
- **Penggunaan Kata Kunci dan Tagar:** Untuk optimasi SEO dan jangkauan.

2. Membuat Konten yang Efektif dan Menarik

2.1. Kenali Audiensmu

Langkah pertama adalah mengenali siapa audiensmu: demografi, minat, dan masalah yang mereka hadapi. Konten yang relevan dengan kebutuhan audiens akan lebih mudah menarik perhatian dan interaksi.

2.2. Tentukan Tujuan Konten

Apakah konten bertujuan untuk edukasi, hiburan, inspirasi, atau promosi? Tujuan yang jelas akan memandu jenis konten yang dibuat.

2.3. Buat Judul yang Menarik dan Informatif

Judul adalah hal pertama yang dilihat audiens dan algoritma. Judul harus menarik, jelas, dan mengandung kata kunci yang relevan.

2.4. Gunakan Visual yang Menarik

Gambar dan video yang berkualitas tinggi meningkatkan engagement dan membuat konten lebih mudah dipahami.

2.5. Buat Konten yang Mudah Dipahami dan Terstruktur

Gunakan paragraf pendek, bullet points, dan subjudul agar konten mudah dibaca.

2.6. Sertakan Call to Action (CTA)

Ajak audiens untuk melakukan tindakan seperti like, share, komentar, atau klik link.

3. Teknik Optimasi Konten Berdasarkan Algoritma

3.1. SEO (Search Engine Optimization)

- **Riset Kata Kunci:** Gunakan tools seperti Google Keyword Planner untuk menemukan kata kunci yang relevan.

- **Penggunaan Kata Kunci:** Tempatkan kata kunci di judul, subjudul, dan isi konten secara natural.

- **Meta Description:** Buat deskripsi singkat yang menarik untuk hasil pencarian.

- **Backlink:** Dapatkan tautan dari situs terpercaya untuk meningkatkan kredibilitas.

3.2. Optimasi untuk Media Sosial

- **Gunakan Hashtag yang Tepat:** Hashtag membantu algoritma memahami topik konten.
- **Waktu Posting yang Tepat:** Posting saat audiens paling aktif meningkatkan jangkauan.
- **Interaksi Cepat:** Balas komentar dan pesan untuk meningkatkan engagement.

3.3. Konsistensi dan Jadwal Posting

Konten yang rutin diposting dengan jadwal yang konsisten membuat algoritma lebih mudah mengenali dan mempromosikan kontenmu.

4. Membuat Konten Viral

4.1. Kenali Tren dan Adaptasi

Pantau tren terkini dan buat konten yang relevan dengan tren tersebut.

4.2. Buat Konten Emosional dan Storytelling

Cerita yang menyentuh emosi audiens cenderung lebih banyak dibagikan.

4.3. Gunakan Format Konten yang Mudah Dibagikan

Konten seperti video pendek, meme, atau infografis lebih mudah viral.

4.4. Kolaborasi dengan Influencer

Kolaborasi dapat memperluas jangkauan dan mempercepat viralitas.

5. Mengukur dan Menganalisis Performa Konten

5.1. Gunakan Analytics Tools

Manfaatkan Google Analytics, Facebook Insights, Instagram Analytics, dan lainnya untuk memantau performa konten.

5.2. Parameter yang Harus Diperhatikan

- **Reach:** Berapa banyak orang yang melihat konten.
- **Engagement:** Jumlah like, komentar, dan share.
- **Conversion:** Tindakan yang diinginkan audiens setelah melihat konten.
- **Retention:** Berapa lama audiens menghabiskan waktu dengan konten.

5.3. Evaluasi dan Iterasi

Berdasarkan data, evaluasi apa yang berhasil dan apa yang perlu diperbaiki. Uji berbagai jenis konten dan format.

6. Studi Kasus: Konten Viral dan Strategi Algoritmik

Studi Kasus 1: Viral Video di TikTok

Video berdurasi pendek dengan musik yang sedang tren dan caption menarik dapat menyebar luas dalam hitungan jam karena algoritma TikTok yang mengutamakan waktu tonton dan interaksi awal.

Studi Kasus 2: Blog yang Mendominasi SEO Google

Blog dengan riset kata kunci yang baik, konten berkualitas tinggi, dan backlink dari situs populer mampu menempati halaman pertama Google dan menarik trafik organik besar.

7. Kesalahan Umum dalam Pembuatan Konten

- Konten terlalu promosi tanpa nilai tambah.
- Tidak memperhatikan kebutuhan audiens.
- Tidak konsisten dalam posting.
- Mengabaikan analisis performa.
- Menggunakan clickbait berlebihan yang merusak reputasi.

8. Tips Praktis Membuat Konten Berkualitas

- Fokus pada kualitas, bukan kuantitas.
- Terus belajar tren terbaru dan teknik optimasi.
- Gunakan feedback audiens untuk pengembangan konten.
- Jangan takut bereksperimen dengan format dan gaya baru.
- Jaga keaslian dan integritas konten.

Kesimpulan Bab

Algoritma konten adalah mekanisme yang kompleks namun bisa dipahami dan dioptimalkan dengan teknik tepat. Dengan mengenali audiens, membuat konten berkualitas, dan mengoptimalkannya sesuai algoritma platform, kamu dapat menjangkau audiens lebih luas dan membangun pengaruh digital yang kuat. Viralitas dan kesuksesan konten bukan hanya soal keberuntungan, tapi hasil dari strategi dan eksekusi yang matang.

Bab 10:

Teknik Pengukuran dan Optimasi Performa Konten Secara Mendalam

Pendahuluan

Membuat konten yang menarik adalah langkah awal dalam membangun audiens dan mencapai tujuan pemasaran. Namun, tanpa pengukuran dan optimasi yang tepat, konten tersebut tidak akan memberikan hasil maksimal. Bab ini membahas teknik-teknik penting dalam mengukur performa konten secara efektif dan cara-cara mengoptimalkan konten berdasarkan data yang diperoleh untuk meningkatkan engagement, jangkauan, dan konversi.

1. Pentingnya Pengukuran Performa Konten

Pengukuran performa konten memungkinkan kamu untuk:

- Mengetahui apakah konten mencapai tujuan.
- Memahami perilaku dan preferensi audiens.
- Mengidentifikasi konten yang paling efektif.
- Membuat keputusan berbasis data untuk perbaikan konten ke depan.

2. Metrik Utama dalam Pengukuran Konten

2.1. Reach dan Impressions

- **Reach:** Jumlah unik pengguna yang melihat konten.

- **Impressions:** Total jumlah konten yang dilihat, termasuk yang dilihat berulang.

2.2. Engagement

- Like, komentar, share, retweet, dan reaksi lainnya.
- Mengukur seberapa banyak audiens berinteraksi dengan konten.

2.3. Click-Through Rate (CTR)

Persentase orang yang mengklik tautan dalam konten dibanding yang melihatnya.

2.4. Conversion Rate

Persentase orang yang melakukan tindakan yang diinginkan (mendaftar, membeli, download) setelah berinteraksi dengan konten.

2.5. Bounce Rate dan Average Session Duration

- **Bounce Rate:** Persentase pengunjung yang meninggalkan halaman setelah melihat satu halaman saja.

- **Average Session Duration:** Rata-rata waktu yang dihabiskan pengunjung di halaman.

2.6. Retention dan Return Visitors

Seberapa sering audiens kembali untuk melihat konten baru.

3. Tools Pengukuran Performa Konten

3.1. Google Analytics

Menganalisis trafik website, perilaku pengunjung, konversi, dan sumber trafik.

3.2. Facebook Insights dan Instagram Analytics

Melacak performa postingan, stories, dan iklan di platform tersebut.

3.3. YouTube Analytics

Memantau waktu tonton, demografi penonton, dan performa video.

3.4. Tools SEO (Ahrefs, SEMrush)

Memantau peringkat kata kunci, backlink, dan trafik organik.

4. Cara Menganalisis Data Performa Konten

4.1. Tentukan KPI (Key Performance Indicator)

Sesuaikan KPI dengan tujuan konten, misalnya:

- Meningkatkan brand awareness → Reach dan impressions.
- Meningkatkan interaksi → Engagement rate.
- Meningkatkan penjualan → Conversion rate.

4.2. Bandingkan dengan Benchmark

Gunakan data historis atau data kompetitor sebagai tolok ukur.

4.3. Segmentasi Data

Analisis berdasarkan demografi, perangkat, sumber trafik, dan waktu.

5. Strategi Optimasi Konten Berdasarkan Data

5.1. Optimasi SEO

- Perbaiki judul dan meta description dengan kata kunci yang performanya baik.
- Tambah internal link dan backlink.
- Update konten lama dengan data terbaru.

5.2. Optimasi Waktu Posting

Sesuaikan waktu posting dengan saat audiens paling aktif.

5.3. Format Konten

Jika data menunjukkan video lebih banyak interaksi daripada teks, fokuskan pada pembuatan video.

5.4. Pengujian A/B (Split Testing)

Menguji variasi judul, gambar, CTA, dan lain-lain untuk mengetahui mana yang paling efektif.

5.5. Personalisasi Konten

Berdasarkan segmentasi audiens, buat konten yang disesuaikan untuk tiap kelompok.

6. Studi Kasus: Optimasi Konten Berdasarkan Data

Studi Kasus 1: Blog Perjalanan yang Meningkatkan Trafik 50% dalam 3 Bulan

Setelah analisis performa, blog ini mengoptimasi kata kunci dan memperbaiki struktur artikel sehingga meningkatkan waktu baca dan menurunkan bounce rate.

Studi Kasus 2: Brand Fashion yang Meningkatkan Konversi dengan A/B Testing CTA

Dengan menguji dua versi CTA, brand ini menemukan CTA yang lebih menarik dan meningkatkan konversi hingga 30%.

7. Kesalahan Umum dalam Pengukuran dan Optimasi Konten

- Mengandalkan satu metrik saja tanpa melihat konteks.
- Tidak memiliki tujuan dan KPI yang jelas.
- Terlalu sering mengubah strategi tanpa evaluasi yang cukup.
- Mengabaikan feedback kualitatif dari audiens.

8. Tips Praktis Mengukur dan Mengoptimasi Konten

- Tetapkan tujuan dan KPI sebelum membuat konten.
- Gunakan berbagai tools untuk mendapatkan gambaran lengkap.
- Evaluasi performa secara rutin (mingguan atau bulanan).

- Gunakan data untuk membuat keputusan, bukan asumsi.
- Jangan takut bereksperimen dan belajar dari hasilnya.

Kesimpulan Bab

Pengukuran dan optimasi performa konten adalah proses berkelanjutan yang krusial untuk keberhasilan strategi konten digital. Dengan memahami metrik utama, menggunakan tools yang tepat, dan menerapkan strategi optimasi berbasis data, kamu dapat meningkatkan efektivitas konten, memperluas jangkauan, dan mencapai tujuan bisnis dengan lebih efisien. Ingatlah bahwa data adalah alat yang sangat berharga, gunakan dengan bijak untuk menciptakan konten yang tidak hanya menarik tetapi juga berdampak.

Bab 11:
Algoritma Media Sosial dan Strategi Agar Konten Bisa Viral

Pendahuluan

Media sosial telah menjadi salah satu kanal utama untuk berbagi konten dan berinteraksi dengan audiens. Namun, dengan milyaran konten yang diproduksi setiap hari, bagaimana sebuah konten bisa menonjol dan bahkan viral? Jawabannya terletak pada pemahaman mendalam tentang algoritma media sosial serta strategi tepat untuk memanfaatkan algoritma tersebut.

Bab ini akan membahas cara kerja algoritma media sosial populer seperti Facebook, Instagram, TikTok, Twitter, dan LinkedIn, serta strategi yang dapat kamu terapkan agar kontenmu bisa viral dan menjangkau audiens yang luas.

1. Memahami Algoritma Media Sosial

1.1. Apa Itu Algoritma Media Sosial?

Algoritma media sosial adalah sistem yang memfilter dan mengatur konten yang muncul di feed pengguna berdasarkan relevansi dan interaksi yang diprediksi. Algoritma berfungsi untuk menyajikan konten yang dianggap paling menarik dan sesuai bagi tiap pengguna agar mereka betah menggunakan platform tersebut.

1.2. Faktor-Faktor Utama dalam Algoritma

Beberapa faktor yang umum mempengaruhi algoritma media sosial:

- **Interaksi Pengguna:** Like, komentar, share, dan waktu tonton.

- **Relevansi Konten:** Sesuai minat dan perilaku pengguna.

- **Jenis Konten:** Video, gambar, teks, live streaming, dll.

- **Konsistensi Posting:** Frekuensi dan jadwal posting.

- **Hubungan dengan Pembuat Konten:** Seberapa dekat pengguna dengan pembuat konten (misal teman, keluarga).

2. Algoritma Facebook dan Instagram

2.1. Facebook

Facebook memprioritaskan konten dari teman dan keluarga serta konten yang menimbulkan interaksi berkualitas. Konten dengan komentar yang panjang, diskusi, dan interaksi bermakna cenderung mendapatkan prioritas lebih tinggi.

2.2. Instagram

Instagram menilai konten berdasarkan interaksi sebelumnya, jenis konten yang disukai pengguna, dan seberapa baru konten tersebut. Algoritma juga memperhatikan penggunaan hashtag, lokasi, dan waktu posting.

2.3. Tips Strategi di Facebook dan Instagram

- Fokus pada interaksi berkualitas, bukan hanya jumlah like.

- Gunakan hashtag relevan dan lokasi.

- Posting pada waktu audiens paling aktif.

- Buat konten yang mengajak diskusi dan interaksi.

- Manfaatkan fitur Stories dan Reels untuk menjangkau lebih banyak audiens.

3. Algoritma TikTok: Raja Video Pendek

3.1. Cara Kerja Algoritma TikTok

TikTok sangat bergantung pada engagement awal dari konten untuk menentukan seberapa luas jangkauannya. Algoritma menganalisis:

- Waktu tonton video (watch time).
- Interaksi (like, komentar, share).
- Jenis konten yang sering ditonton pengguna.
- Informasi video seperti caption, hashtag, dan suara yang digunakan.

3.2. Strategi Viral di TikTok

- Buat video pendek dengan hook kuat di awal.
- Gunakan musik dan hashtag yang sedang tren.
- Ajak audiens berinteraksi dengan call to action.
- Posting secara konsisten dan uji berbagai jenis konten.
- Manfaatkan fitur duet dan stitch untuk kolaborasi.

4. Algoritma Twitter dan LinkedIn

4.1. Twitter

Twitter menampilkan konten berdasarkan relevansi, interaksi terbaru, dan topik yang sedang tren. Tweet dengan banyak retweet, komentar, dan likes lebih mungkin muncul di timeline.

4.2. LinkedIn

LinkedIn memprioritaskan konten profesional dan relevan dengan jaringan pengguna. Konten yang mengundang diskusi dan berbagi pengalaman profesional mendapatkan engagement lebih tinggi.

4.3. Tips Strategi di Twitter dan LinkedIn

- Gunakan hashtag dan mention dengan tepat.
- Posting konten yang mengundang diskusi.
- Manfaatkan berita dan tren terkini untuk relevansi.
- Bangun jaringan dan interaksi secara aktif.

5. Strategi Umum Agar Konten Viral di Media Sosial

5.1. Kenali Audiens dengan Detail

Pahami siapa mereka, apa yang mereka sukai, dan bagaimana mereka berinteraksi.

5.2. Buat Konten yang Memicu Emosi

Konten yang menggugah emosi seperti humor, inspirasi, atau kontroversi cenderung lebih banyak dibagikan.

5.3. Gunakan Visual yang Menarik dan Berkualitas Tinggi

Visual yang baik meningkatkan perhatian dan engagement.

5.4. Manfaatkan Fitur Interaktif

Polling, quiz, live streaming, dan stories dapat meningkatkan interaksi.

5.5. Konsistensi dan Timing

Posting secara rutin dan di waktu yang tepat meningkatkan peluang dilihat.

5.6. Gunakan Call to Action yang Jelas

Ajak audiens untuk berkomentar, membagikan, atau mengikuti akun.

6. Memanfaatkan Data dan Analytics untuk Viralitas

6.1. Pantau Performamu Secara Rutin

Gunakan analytics untuk melihat jenis konten apa yang paling sukses.

6.2. Pelajari Feedback dan Komentar

Feedback audiens adalah sumber insight untuk perbaikan konten.

6.3. Iterasi dan Eksperimen

Coba format baru, gaya baru, dan tema baru secara terukur.

7. Studi Kasus Viral di Media Sosial

Studi Kasus 1: Kampanye Viral Nike "Just Do It"

Menggunakan storytelling kuat dan endorsement influencer, Nike mampu menyebarkan kampanye dengan cepat dan luas.

Studi Kasus 2: Video TikTok Viral dengan Hashtag Challenge

Sebuah brand lokal membuat hashtag challenge yang diikuti ribuan pengguna, meningkatkan brand awareness secara signifikan.

8. Kesalahan yang Harus Dihindari

- Mengabaikan interaksi audiens.
- Konten terlalu promosi tanpa nilai tambah.
- Tidak konsisten dalam posting.
- Menggunakan clickbait yang mengecewakan audiens.
- Mengabaikan tren dan feedback.

9. Tips Praktis Meningkatkan Viralitas Konten

- Fokus pada kualitas dan nilai tambah konten.
- Aktif berinteraksi dengan audiens.
- Manfaatkan tren dengan cepat.
- Kolaborasi dengan influencer atau komunitas.
- Gunakan alat bantu seperti scheduler dan analytics.

Kesimpulan Bab

Algoritma media sosial memang kompleks, tapi dengan pemahaman dan strategi yang tepat, kamu bisa mengoptimalkan jangkauan konten dan meningkatkan peluang viralitas. Ingat bahwa viralitas bukan hanya soal angka, tetapi juga soal membangun komunitas dan engagement yang berarti. Dengan menerapkan teknik yang dibahas di bab ini, kamu berada di jalur yang tepat untuk meraih sukses di dunia media sosial.

Bab 12:

Algoritma Hidup. Mengaplikasikan Prinsip Algoritmik untuk Pengembangan Diri dan Kehidupan Sehari-hari

Pendahuluan

Konsep algoritma tidak hanya berlaku dalam dunia teknologi dan bisnis digital, tetapi juga dapat diadaptasi dalam kehidupan sehari-hari dan pengembangan diri. Algoritma hidup adalah pendekatan sistematis untuk memecahkan masalah, membuat keputusan, dan mencapai tujuan dengan cara yang lebih efisien dan terstruktur.

Dalam bab ini, kita akan membahas bagaimana prinsip-prinsip algoritmik bisa diterapkan untuk mengatur rutinitas, mengelola waktu, memecahkan masalah personal, serta mengembangkan kebiasaan positif yang berkelanjutan. Dengan memahami dan mempraktikkan algoritma hidup, kamu dapat meningkatkan produktivitas, keseimbangan hidup, dan kualitas diri secara keseluruhan.

1. Memahami Algoritma Hidup

1.1. Apa Itu Algoritma Hidup?

Algoritma hidup adalah sebuah pendekatan untuk menjalani hidup dengan menggunakan pola pikir dan metode algoritmik, yakni langkah demi langkah yang terstruktur, logis, dan terukur dalam menyelesaikan masalah dan mencapai tujuan.

Prinsip ini membantu kita mengubah masalah yang kompleks menjadi serangkaian tindakan kecil yang mudah diikuti, serta memungkinkan penyesuaian dan perbaikan berkelanjutan.

1.2. Mengapa Algoritma Hidup Penting?

- Membantu mengurangi stres dan kebingungan dalam mengambil keputusan.
- Meningkatkan efisiensi dalam mengelola waktu dan energi.
- Mempermudah pencapaian tujuan jangka pendek dan panjang.
- Memfasilitasi pembentukan kebiasaan positif.
- Memungkinkan evaluasi dan perbaikan diri secara sistematis.

2. Prinsip-Prinsip Dasar Algoritma Hidup

2.1. Definisikan Tujuan dengan Jelas

Sama seperti algoritma komputer membutuhkan input yang jelas, hidup juga memerlukan tujuan yang spesifik dan terukur agar dapat dibuat langkah-langkah yang efektif.

2.2. Pecah Masalah Menjadi Bagian Kecil

Masalah besar dapat terasa berat dan menakutkan. Dengan membagi masalah menjadi bagian kecil yang manageable, kamu bisa lebih fokus dan tidak mudah putus asa.

2.3. Tentukan Langkah-Langkah atau Prosedur

Susunlah langkah-langkah konkret yang harus dilakukan untuk menyelesaikan setiap bagian masalah.

2.4. Evaluasi dan Koreksi

Setelah menjalankan langkah-langkah tersebut, lakukan evaluasi hasil dan lakukan koreksi agar proses semakin efektif.

2.5. Konsistensi dan Adaptasi

Proses algoritmik harus dilakukan secara konsisten, namun juga fleksibel terhadap perubahan situasi dan kebutuhan.

3. Menerapkan Algoritma Hidup dalam Pengelolaan Waktu

3.1. Prioritaskan Tugas dengan Metode Eisenhower Matrix

Membagi tugas ke dalam 4 kategori: penting dan mendesak, penting tapi tidak mendesak, tidak penting tapi mendesak, dan tidak penting serta tidak mendesak.

3.2. Gunakan Teknik Pomodoro

Mengerjakan tugas dalam interval waktu fokus (misal 25 menit) kemudian istirahat sejenak agar produktivitas tetap tinggi.

3.3. Buat Rencana Harian dan Mingguan

Tuliskan daftar tugas dengan prioritas, waktu pelaksanaan, dan estimasi durasi sehingga ada panduan yang jelas.

3.4. Automasi dan Delegasi

Gunakan teknologi dan bantuan orang lain untuk mengurangi beban tugas rutin.

4. Algoritma Hidup untuk Pengembangan

Kebiasaan Positif

4.1. Mulai dari Kebiasaan Kecil (Atomic Habits)

Seperti yang dijelaskan James Clear, perubahan besar bermula dari kebiasaan kecil yang konsisten.

4.2. Gunakan Pemicu dan Reward

Setiap kebiasaan dapat dibuat lebih mudah dengan menetapkan pemicu yang jelas dan reward yang memotivasi.

4.3. Monitor dan Catat Perkembangan

Menggunakan jurnal atau aplikasi tracking kebiasaan untuk memantau progres.

4.4. Adaptasi Jika Perlu

Jika suatu kebiasaan tidak berjalan baik, lakukan modifikasi agar lebih sesuai dengan kondisi dan preferensi.

5. Algoritma Hidup dalam Pengambilan Keputusan

5.1. Definisikan Masalah dengan Spesifik

Misalnya, "Bagaimana saya bisa meningkatkan kesehatan?" lebih baik daripada "Saya ingin hidup sehat".

5.2. Kumpulkan Data dan Informasi

Cari berbagai opsi dan informasi yang relevan sebelum memutuskan.

5.3. Buat Daftar Alternatif dan Evaluasi Pro-Kontra

Tuliskan opsi yang ada dan nilai keuntungan serta risikonya.

5.4. Ambil Keputusan dan Rencanakan Tindakan

Pilih opsi terbaik berdasarkan analisis dan buat rencana eksekusi.

5.5. Evaluasi Hasil dan Pelajari

Setelah dijalankan, evaluasi hasil dan ambil pelajaran untuk pengambilan keputusan selanjutnya.

6. Mengelola Stres dan Konflik dengan Algoritma Hidup

6.1. Identifikasi Penyebab Stres

Pisahkan faktor-faktor penyebab stres menjadi masalah yang spesifik.

6.2. Prioritaskan Masalah untuk Diselesaikan

Tidak semua masalah harus diselesaikan sekaligus; pilih yang paling mendesak dan berdampak.

6.3. Terapkan Teknik Relaksasi Bertahap

Misalnya meditasi singkat, olahraga ringan, dan istirahat terjadwal.

6.4. Komunikasi Efektif dalam Konflik

Gunakan teknik komunikasi asertif dengan langkah-langkah: dengarkan, ungkapkan pendapat, dan cari solusi bersama.

6.5. Refleksi dan Penyesuaian

Evaluasi bagaimana cara kamu menangani stres dan konflik, dan lakukan penyesuaian bila perlu.

7. Studi Kasus: Algoritma Hidup untuk Mencapai Tujuan Besar

Seorang individu ingin menulis buku dalam 6 bulan. Berikut algoritma hidup yang dibuat:

- Tujuan jelas: Menyelesaikan draft buku 50.000 kata dalam 6 bulan.

- Pecah menjadi target bulanan: 8.333 kata per bulan.

- Buat target mingguan dan harian: sekitar 1.923 kata per minggu dan 274 kata per hari.

- Jadwalkan waktu menulis setiap hari selama 1 jam.

- Monitor progres mingguan dan lakukan evaluasi tiap bulan.

- Jika ada hambatan, sesuaikan jadwal atau teknik menulis.

8. Kesalahan Umum dalam Menerapkan Algoritma Hidup

- Tidak menetapkan tujuan yang spesifik dan realistis.
- Terlalu kaku dan tidak fleksibel terhadap perubahan.
- Tidak melakukan evaluasi secara rutin.
- Mengabaikan pentingnya istirahat dan keseimbangan.

- Tidak konsisten menjalankan langkah-langkah yang telah dibuat.

9. Tips Praktis Memulai dan Mempertahankan Algoritma Hidup

- Mulai dengan tujuan kecil dan mudah dicapai.
- Gunakan tools seperti aplikasi manajemen tugas dan jurnal.
- Cari dukungan dari teman atau komunitas.
- Rayakan pencapaian kecil untuk meningkatkan motivasi.
- Jadikan algoritma hidup sebagai proses pembelajaran yang berkelanjutan.

Kesimpulan Bab

Algoritma hidup adalah pendekatan praktis dan sistematis yang dapat membantu kita menjalani hidup dengan lebih terarah, produktif, dan bermakna. Dengan menerapkan prinsip-prinsip algoritmik dalam pengelolaan waktu, kebiasaan, pengambilan keputusan, serta pengelolaan stres, kamu dapat menciptakan perubahan positif yang berkelanjutan dalam hidup. Ingatlah bahwa hidup adalah proses dinamis yang memerlukan evaluasi dan penyesuaian, dan algoritma hidup akan menjadi panduan yang membantu kamu menghadapi tantangan dengan lebih percaya diri dan terstruktur.

Bab 13:

Algoritma Pasar dan Konsumen. Memahami dan Mengoptimalkan Perilaku Konsumen dengan Pendekatan Algoritmik

Pendahuluan

Pasar dan perilaku konsumen merupakan dua hal yang sangat dinamis dan kompleks. Dalam era digital dan big data saat ini, pendekatan tradisional untuk memahami konsumen dan pasar sering kali tidak cukup. Oleh karena itu, algoritma pasar dan konsumen hadir sebagai metode yang sangat efektif untuk menganalisis, memprediksi, dan mengoptimalkan interaksi antara bisnis dengan konsumennya.

Bab ini membahas konsep algoritma pasar dan konsumen, bagaimana cara kerja algoritma dalam memahami perilaku konsumen, teknik-teknik analitik yang digunakan, serta strategi praktis untuk mengaplikasikannya dalam bisnis dan pemasaran guna meningkatkan kepuasan konsumen dan keuntungan bisnis.

1. Memahami Algoritma Pasar dan Konsumen

1.1. Apa Itu Algoritma Pasar dan Konsumen?

Algoritma pasar dan konsumen adalah sekumpulan metode dan prosedur matematis yang dirancang untuk menganalisis data pasar dan perilaku konsumen dengan tujuan memahami pola, memprediksi tren, serta membuat keputusan bisnis yang lebih efektif.

1.2. Mengapa Penting untuk Bisnis?

- Mengidentifikasi kebutuhan dan preferensi konsumen secara lebih tepat.
- Memprediksi perubahan tren dan permintaan pasar.
- Mengoptimalkan strategi pemasaran dan distribusi.
- Meningkatkan customer experience dan loyalitas.

2. Data sebagai Dasar Algoritma Pasar dan Konsumen

2.1. Sumber Data

- **Data transaksi:** Riwayat pembelian, frekuensi, dan nilai transaksi.

- **Data demografi:** Usia, lokasi, jenis kelamin, pendapatan.

- **Data perilaku online:** Klik, waktu kunjungan, interaksi di website dan media sosial.

- **Data feedback dan ulasan:** Rating, komentar, dan keluhan.

2.2. Data Cleaning dan Preparation

Sebelum diolah, data harus dibersihkan dari data duplikat, error, atau data yang tidak relevan.

3. Teknik Algoritmik dalam Analisis Konsumen dan Pasar

3.1. Segmentasi Pasar

Mengelompokkan konsumen berdasarkan karakteristik dan perilaku yang mirip, misalnya menggunakan algoritma clustering (K-Means, DBSCAN).

3.2. Analisis RFM (Recency, Frequency, Monetary)

Menilai nilai pelanggan berdasarkan seberapa baru mereka bertransaksi, seberapa sering, dan berapa banyak nilai transaksi mereka.

3.3. Prediksi Permintaan dan Tren

Menggunakan algoritma time series (ARIMA, LSTM) untuk memprediksi permintaan di masa depan.

3.4. Analisis Sentimen

Menggunakan Natural Language Processing (NLP) untuk mengolah ulasan dan feedback konsumen.

3.5. Rekomendasi Produk

Sistem rekomendasi berbasis collaborative filtering dan content-based filtering untuk meningkatkan penjualan.

4. Studi Kasus: Penerapan Algoritma di Dunia Nyata

4.1. E-Commerce dan Personalisasi

Platform e-commerce menggunakan algoritma untuk merekomendasikan produk berdasarkan riwayat pencarian dan pembelian pengguna.

4.2. Ritel Fisik dan Prediksi Stok

Supermarket menggunakan data penjualan dan algoritma prediksi untuk mengatur stok barang secara efisien.

5. Strategi Praktis Mengoptimalkan Algoritma Pasar dan Konsumen

5.1. Kumpulkan Data Berkualitas

Pastikan data yang dikumpulkan lengkap, akurat, dan relevan.

5.2. Tentukan Tujuan Analisis

Misalnya meningkatkan penjualan, menurunkan churn rate, atau memperbaiki layanan pelanggan.

5.3. Pilih Algoritma yang Tepat

Sesuaikan metode analisis dengan kebutuhan dan sumber daya yang dimiliki.

5.4. Lakukan Pengujian dan Evaluasi

Uji model secara berkala dan lakukan perbaikan untuk hasil yang optimal.

5.5. Gunakan Hasil Analisis untuk Pengambilan Keputusan

Integrasikan insight yang didapat ke dalam strategi pemasaran, produk, dan layanan.

6. Tantangan dan Solusi dalam Menggunakan Algoritma Pasar dan Konsumen

6.1. Privasi dan Etika Data

Pastikan penggunaan data sesuai dengan regulasi dan menjaga privasi konsumen.

6.2. Kompleksitas dan Interpretasi Data

Gunakan visualisasi dan tim ahli untuk memudahkan pemahaman hasil analisis.

6.3. Perubahan Dinamis Pasar

Lakukan update model secara berkala agar tetap relevan.

7. Masa Depan Algoritma Pasar dan Konsumen

- Integrasi AI dan Machine Learning semakin dalam.
- Penggunaan big data yang lebih luas dan real-time.
- Personalisasi yang semakin detail dan interaktif.
- Pengembangan algoritma yang lebih transparan dan etis.

Kesimpulan Bab

Algoritma pasar dan konsumen merupakan alat yang sangat powerful dalam memahami dan mengoptimalkan perilaku konsumen. Dengan pemanfaatan data dan teknik algoritmik yang tepat, bisnis dapat meningkatkan efisiensi, relevansi, dan daya saingnya di pasar yang semakin kompleks. Kunci keberhasilan terletak pada kualitas data, pemilihan algoritma yang sesuai, dan integrasi hasil analisis ke dalam strategi bisnis yang nyata.

Bab 14:

Penerapan Algoritma dalam Strategi Konten untuk Bisnis dan Personal Branding

Pendahuluan

Di era digital saat ini, konten adalah raja, dan strategi konten yang tepat menjadi kunci untuk membangun bisnis yang sukses serta personal branding yang kuat. Namun, tidak semua konten memiliki peluang yang sama untuk menjangkau audiens luas dan berpengaruh. Algoritma, baik dari platform media sosial maupun mesin pencari, menentukan bagaimana dan kapan konten kita dilihat oleh audiens.

Bab ini membahas bagaimana algoritma bekerja dalam konteks strategi konten, bagaimana mengoptimalkan konten agar sesuai dengan algoritma, dan tips praktis untuk membangun strategi konten yang efektif, baik untuk bisnis maupun personal branding.

1. Memahami Algoritma dalam Strategi Konten

1.1. Algoritma dan Distribusi Konten

Algoritma bertugas menilai dan menentukan konten mana yang layak ditampilkan kepada pengguna berdasarkan relevansi, kualitas, interaksi, dan preferensi audiens. Platform seperti Google, YouTube, Instagram, LinkedIn, dan TikTok menggunakan algoritma kompleks untuk mengatur konten dalam feed, pencarian, dan rekomendasi.

1.2. Tujuan Algoritma

- Meningkatkan pengalaman pengguna.
- Menyajikan konten yang relevan dan menarik.
- Mendorong interaksi dan keterlibatan.

2. Komponen Utama Algoritma dalam Strategi Konten

2.1. Relevansi Konten

Konten harus sesuai dengan minat dan kebutuhan audiens target. Ini ditentukan melalui data perilaku pengguna, kata kunci, dan konteks.

2.2. Kualitas Konten

Konten yang informatif, orisinal, dan bermanfaat cenderung mendapat prioritas.

2.3. Interaksi dan Engagement

Like, komentar, share, waktu tonton, dan klik menjadi indikator utama untuk algoritma.

2.4. Konsistensi dan Frekuensi Posting

Algoritma menyukai akun yang aktif dan rutin memproduksi konten berkualitas.

3. Strategi Konten Berbasis Algoritma untuk Bisnis

3.1. Penelitian Audiens dan Kata Kunci

Gunakan alat seperti Google Analytics, SEMrush, dan platform media sosial untuk memahami audiens dan menemukan kata kunci yang relevan.

3.2. Optimasi SEO dan SEM

- Gunakan kata kunci secara alami dalam judul, deskripsi, dan isi konten.
- Optimasi meta tags dan struktur URL.
- Gunakan backlink berkualitas.

3.3. Pembuatan Konten Berkualitas

- Konten yang informatif dan edukatif.
- Visual yang menarik (gambar, video, infografis).
- Format yang beragam (artikel, video, podcast).

3.4. Pemanfaatan Media Sosial dan Paid Ads

- Posting konten pada waktu optimal.
- Gunakan fitur iklan untuk menjangkau audiens spesifik.
- Libatkan audiens dengan konten interaktif.

4. Strategi Konten untuk Personal Branding

4.1. Tentukan Niche dan Personal Voice

Fokus pada bidang spesifik dan gunakan gaya komunikasi yang autentik.

4.2. Ceritakan Kisah Pribadi

Storytelling yang jujur dan inspiratif dapat membangun koneksi emosional.

4.3. Konsistensi dan Kualitas

Rutin berbagi insight, pengalaman, dan konten edukasi dengan kualitas tinggi.

4.4. Bangun Jaringan dan Kolaborasi

Interaksi aktif dengan komunitas dan kolaborasi dengan influencer atau profesional lain.

5. Menggunakan Data dan Analytics untuk Meningkatkan Strategi Konten

5.1. Monitor Performansi Konten

Pantau metrik seperti jumlah views, engagement, dan konversi.

5.2. Pelajari Pola dan Tren

Identifikasi jenis konten yang paling efektif dan waktu posting terbaik.

5.3. A/B Testing

Uji berbagai variasi konten dan strategi untuk menentukan yang terbaik.

5.4. Adaptasi dan Perbaikan

Lakukan penyesuaian berdasarkan data untuk hasil optimal.

6. Studi Kasus: Sukses Strategi Konten Berbasis Algoritma

6.1. Perusahaan Startup Teknologi

Startup teknologi yang rutin memproduksi blog edukasi dan video tutorial yang teroptimasi SEO mampu meningkatkan traffic website hingga 300% dalam 6 bulan.

6.2. Personal Branding Influencer

Seorang influencer yang fokus pada storytelling personal dan aktif berinteraksi dengan followers berhasil meningkatkan engagement rate hingga 50% dan memperoleh sponsorship besar.

7. Kesalahan Umum dalam Strategi Konten dan Cara Menghindarinya

- Tidak memahami audiens dan kebutuhan mereka.
- Konten terlalu promosi dan kurang edukasi.
- Mengabaikan SEO dan analitik.
- Tidak konsisten dalam posting.
- Mengabaikan feedback audiens.

8. Tips Praktis Memulai Strategi Konten

Berbasis Algoritma

- Mulai dengan riset audiens dan kata kunci.
- Buat kalender konten dengan jadwal rutin.
- Gunakan tools SEO dan social media management.
- Libatkan audiens dengan konten interaktif.
- Selalu pantau dan evaluasi performa konten.

Kesimpulan Bab

Penerapan algoritma dalam strategi konten adalah langkah krusial untuk mengoptimalkan jangkauan dan engagement. Dengan memahami cara kerja algoritma dan menerapkan strategi yang tepat, bisnis dan personal branding dapat tumbuh secara signifikan di era digital. Konsistensi, kualitas, dan adaptasi berdasarkan data adalah kunci keberhasilan dalam membangun konten yang efektif dan berdaya saing.

Bab 15:

Algoritma Pemasaran Digital secara Mendalam. Strategi, Teknik, dan Implementasi untuk Meningkatkan ROI

Pendahuluan

Pemasaran digital telah menjadi tulang punggung bisnis modern. Dengan kemajuan teknologi dan melimpahnya data, algoritma pemasaran digital menjadi kunci utama dalam menjalankan kampanye yang efektif dan efisien. Algoritma ini bekerja dengan menganalisis perilaku konsumen, mengoptimalkan pengeluaran iklan, dan menyesuaikan strategi pemasaran secara real-time agar hasil yang didapatkan, seperti peningkatan penjualan, awareness, dan engagement, maksimal dengan biaya yang minimal.

Bab ini mengupas tuntas bagaimana algoritma bekerja di balik platform pemasaran digital, teknik dan strategi utama yang digunakan, serta langkah-langkah implementasi praktis untuk bisnis dari berbagai skala agar mampu memaksimalkan return on investment (ROI).

1. Dasar-dasar Algoritma dalam Pemasaran Digital

1.1. Apa Itu Algoritma Pemasaran Digital?

Algoritma pemasaran digital adalah sekumpulan instruksi matematis dan logika yang digunakan oleh platform iklan (Google Ads, Facebook Ads, LinkedIn Ads, dan lain-lain.) untuk mengelola dan mengoptimalkan penayangan iklan berdasarkan data perilaku audiens, preferensi, dan hasil kampanye sebelumnya.

1.2. Peran Algoritma dalam Kampanye Digital

- Menentukan target audiens yang tepat.
- Mengalokasikan anggaran secara optimal.
- Menyesuaikan penempatan iklan untuk hasil terbaik.
- Mengoptimalkan bidding dan pricing.
- Memaksimalkan engagement dan konversi.

2. Komponen Kunci Algoritma Pemasaran Digital

2.1. Data dan Tracking

Pengumpulan data melalui pixel tracking, cookies, dan integrasi CRM menjadi fondasi utama algoritma.

2.2. Machine Learning dan AI

Teknologi pembelajaran mesin memungkinkan algoritma belajar dari data dan hasil kampanye sebelumnya untuk meningkatkan performa.

2.3. Segmentasi dan Personalisasi

Mengelompokkan audiens ke dalam segmen berdasarkan perilaku, demografi, dan minat untuk menyajikan iklan yang lebih relevan.

2.4. Real-Time Bidding (RTB)

Sistem lelang otomatis yang menentukan iklan mana yang ditampilkan berdasarkan harga tawaran dan relevansi.

3. Strategi Utama dalam Algoritma Pemasaran Digital

3.1. Targeting yang Tepat

- **Demografi:** Usia, jenis kelamin, lokasi.

- **Minat dan perilaku:** Aktivitas online, preferensi.

- **Retargeting:** Menargetkan ulang pengunjung yang sudah pernah berinteraksi.

- **Lookalike Audience:** Mencari audiens serupa dari pelanggan yang sudah ada.

3.2. Konten Iklan yang Relevan dan Menarik

- Gunakan headline yang kuat.
- Visual yang menarik dan sesuai dengan target.
- Call-to-action (CTA) yang jelas.

3.3. Optimasi Anggaran dan Bidding

- Mulai dengan anggaran kecil dan tingkatkan berdasarkan hasil.
- Gunakan bidding otomatis yang disediakan platform.

3.4. Multi-Channel Campaign

Memanfaatkan berbagai platform (Google, Facebook, Instagram, LinkedIn, dll.) untuk menjangkau audiens lebih luas.

4. Teknik dan Tools dalam Algoritma Pemasaran Digital

4.1. Google Ads dan Algoritma Quality Score

Google menggunakan Quality Score untuk menilai relevansi iklan berdasarkan CTR, relevansi kata kunci, dan kualitas landing page.

4.2. Facebook Ads dan Relevance Score

Facebook menilai iklan berdasarkan interaksi pengguna untuk mengoptimalkan penayangan dan biaya.

4.3. Automated Rules dan Smart Bidding

Memanfaatkan fitur otomatisasi untuk mengelola kampanye secara efisien.

4.4. Analytics dan Attribution Modeling

Menggunakan Google Analytics dan model atribusi untuk memahami sumber konversi dan jalur pelanggan.

5. Implementasi Algoritma Pemasaran Digital: Langkah demi Langkah

5.1. Definisikan Tujuan Kampanye

Apakah ingin meningkatkan brand awareness, lead generation, penjualan, atau lainnya?

5.2. Riset Audiens dan Kata Kunci

Gunakan data untuk menentukan target pasar yang tepat.

5.3. Buat dan Uji Variasi Iklan

A/B testing untuk menentukan konten, gambar, dan CTA yang paling efektif.

5.4. Setting Anggaran dan Jadwal

Atur anggaran harian dan durasi kampanye.

5.5. Pantau dan Optimasi Secara Berkala

Analisis performa dan lakukan penyesuaian untuk hasil maksimal.

6. Studi Kasus: Keberhasilan Algoritma Pemasaran Digital

6.1. Startup E-Commerce

Dengan menggunakan retargeting dan lookalike audience di Facebook Ads, startup ini berhasil meningkatkan penjualan sebesar 150% dalam 3 bulan.

6.2. Perusahaan SaaS

Mengoptimalkan Google Ads dengan Quality Score tinggi dan kata kunci long-tail berhasil menurunkan biaya per lead hingga 40%.

7. Tantangan dan Cara Menghadapinya

7.1. Kompetisi yang Ketat

Fokus pada niche dan personalisasi iklan untuk menonjol.

7.2. Perubahan Algoritma Platform

Terus belajar dan beradaptasi dengan update algoritma terbaru.

7.3. Masalah Privasi dan Regulasi

Patuhi GDPR, CCPA, dan regulasi lain terkait data konsumen.

8. Tips Praktis Meningkatkan ROI dengan Algoritma Pemasaran Digital

- Gunakan data dan analitik untuk pengambilan keputusan.
- Konsisten melakukan A/B testing.
- Fokus pada pengalaman pengguna dan landing page yang optimal.
- Manfaatkan automasi untuk efisiensi.
- Jangan abaikan feedback pelanggan.

Kesimpulan Bab

Algoritma pemasaran digital memberikan peluang luar biasa untuk mengoptimalkan setiap aspek kampanye pemasaran, dari targeting hingga bidding dan analitik. Dengan strategi yang tepat dan pemanfaatan teknologi secara maksimal, bisnis dapat mencapai hasil yang optimal dengan biaya yang efisien. Terus belajar dan beradaptasi dengan perkembangan algoritma akan menjadi kunci keberhasilan jangka panjang.

Bab 16:

Algoritma Media Sosial untuk Menjadi Viral. Strategi, Psikologi, dan Praktik Terbaik

Pendahuluan

Menjadi viral di media sosial adalah impian banyak pembuat konten, bisnis, dan influencer. Namun, viralitas bukanlah sekadar keberuntungan semata, melainkan hasil dari pemahaman mendalam terhadap cara kerja algoritma media sosial, perilaku pengguna, dan strategi konten yang efektif. Algoritma media sosial yang canggih menentukan konten mana yang layak mendapatkan perhatian dan diprioritaskan dalam feed pengguna.

Bab ini menguraikan bagaimana algoritma media sosial bekerja untuk menentukan viralitas, faktor psikologis yang mempengaruhi interaksi pengguna, dan langkah-langkah praktis yang bisa diambil agar konten Anda berpeluang besar menjadi viral.

1. Memahami Algoritma Media Sosial

1.1. Fungsi Utama Algoritma

Algoritma media sosial bertugas menyaring jutaan konten yang diunggah setiap detik dan menampilkan konten yang paling relevan, menarik, dan berpotensi memuaskan pengguna. Algoritma ini terus belajar dari interaksi pengguna untuk menyempurnakan hasil yang disajikan.

1.2. Variasi Algoritma di Berbagai Platform

- **Facebook & Instagram:** Memprioritaskan interaksi yang bermakna, seperti komentar dan share.

- **TikTok:** Fokus pada waktu tonton dan engagement awal.

- **YouTube:** Mengutamakan watch time dan retensi penonton.

- **Twitter:** Menggabungkan kronologi dan relevansi berdasarkan interaksi.

2. Faktor Penentu Viralitas Konten

2.1. Engagement

Like, komentar, share, save, dan klik adalah indikator utama bahwa konten layak dijangkau lebih banyak pengguna.

2.2. Relevansi dan Konteks

Konten yang sesuai dengan tren, isu terkini, dan minat audiens lebih mudah menjadi viral.

2.3. Emosi dan Psikologi

Konten yang memicu emosi kuat (kesenangan, kejutan, kemarahan, atau inspirasi) lebih sering dibagikan.

2.4. Kualitas Visual dan Kreativitas

Gambar dan video yang menarik serta format yang inovatif meningkatkan peluang viral.

3. Strategi Membuat Konten Viral Berbasis Algoritma

3.1. Memahami Audiens

Lakukan riset untuk mengetahui apa yang disukai dan dibutuhkan audiens Anda.

3.2. Gunakan Hook yang Kuat

Mulailah konten dengan elemen yang menarik perhatian dalam beberapa detik pertama.

3.3. Optimalkan Format Konten

- Video pendek dengan durasi optimal.
- Caption yang menggugah dan mudah dibagikan.
- Gunakan hashtag yang relevan dan sedang tren.

3.4. Interaksi yang Mendorong

Ajukan pertanyaan, buat polling, dan dorong pengguna untuk komentar dan berbagi.

3.5. Konsistensi dan Timing

Posting secara rutin pada waktu audiens paling aktif.

4. Peran Psikologi dalam Viralitas Konten

4.1. Efek Social Proof

Konten dengan banyak interaksi memberi kesan "layak diperhatikan," mendorong lebih banyak orang untuk ikut terlibat.

4.2. Kebutuhan Akan Pengakuan dan Identitas

Pengguna suka berbagi konten yang mencerminkan nilai dan identitas mereka.

4.3. Prinsip Reciprocity

Konten yang memberikan nilai atau hiburan cenderung mendapat respon positif sebagai balasan.

5. Algoritma dan Peran Influencer

5.1. Kolaborasi untuk Memperluas Jangkauan

Menggandeng influencer dapat meningkatkan eksposur konten secara signifikan.

5.2. Micro-Influencer dan Niche Market

Micro-influencer dengan audiens yang sangat relevan bisa jadi kunci viralitas yang lebih terarah.

6. Studi Kasus Viral Konten Media Sosial

6.1. Campaign Berbasis Challenge

Seperti kampanye #IceBucketChallenge yang melibatkan banyak pengguna dan memicu viralitas global.

6.2. Konten Edukasi yang Menarik

Video tutorial singkat dan mudah dicerna yang mendapat jutaan views di TikTok dan Instagram.

7. Kesalahan Umum yang Menghambat Viralitas

- Konten tidak relevan dengan audiens.
- Terlalu banyak promosi dan sedikit nilai tambah.
- Tidak memperhatikan waktu posting.
- Kurang interaksi dan respon terhadap pengguna.
- Mengabaikan analisis data performa konten.

8. Tips Praktis Memaksimalkan Viralitas Konten

- Gunakan data analytics untuk memahami performa.
- Manfaatkan tren dan hashtag yang sedang naik daun.
- Buat konten yang mudah dibagikan.
- Libatkan audiens dengan konten interaktif.
- Pantau dan adaptasi strategi berdasarkan feedback.

Kesimpulan Bab

Menjadi viral di media sosial bukan sekadar keberuntungan, melainkan hasil dari pemahaman algoritma, perilaku psikologis pengguna, dan strategi konten yang tepat. Dengan pendekatan yang sistematis dan adaptif, peluang untuk menjangkau audiens luas dan membangun pengaruh digital menjadi lebih besar. Konsistensi, kreativitas, dan analisis data adalah kunci utama untuk membuka potensi viralitas konten Anda.

Bab 17:

Algoritma Hidup. Cara, Prinsip, dan Tips Menerapkannya untuk Kehidupan yang Lebih Terstruktur dan Bermakna

Pendahuluan

Dalam dunia teknologi, algoritma adalah serangkaian langkah atau instruksi sistematis untuk menyelesaikan sebuah masalah. Namun, konsep algoritma ini dapat diadopsi dan diterapkan dalam kehidupan sehari-hari untuk menciptakan pola, rutinitas, dan sistem yang membantu kita menjalani hidup dengan lebih terstruktur, efisien, dan bermakna.

Bab ini akan membahas bagaimana prinsip-prinsip algoritma bisa diadaptasi ke dalam kehidupan nyata, mulai dari pengambilan keputusan, manajemen waktu, hingga membangun kebiasaan positif. Anda akan mendapatkan panduan praktis untuk menciptakan "algoritma hidup" yang mampu membantu meraih tujuan dan meningkatkan kualitas hidup.

1. Memahami Algoritma dalam Konteks Kehidupan

1.1. Apa Itu Algoritma Hidup?

Algoritma hidup adalah pola atau sistem yang dapat diikuti berulang kali untuk menyelesaikan berbagai tantangan dan membuat keputusan dalam hidup. Algoritma ini memecah masalah kompleks menjadi langkah-langkah sederhana dan terstruktur sehingga lebih mudah diimplementasikan.

1.2. Mengapa Kita Membutuhkan Algoritma Hidup?

- Mengurangi kebingungan dan stres.
- Membantu membuat keputusan yang lebih baik dan cepat.
- Meningkatkan konsistensi dalam bertindak.
- Menciptakan kebiasaan yang mendukung tujuan jangka panjang.

2. Prinsip-Prinsip Dasar Algoritma Hidup

2.1. Definisikan Tujuan yang Jelas

Tanpa tujuan, algoritma tidak memiliki arah. Tentukan apa yang ingin Anda capai secara spesifik.

2.2. Pecah Masalah menjadi Bagian-Bagian Kecil

Seperti algoritma pemrograman, pecah masalah besar menjadi tugas-tugas kecil yang bisa dikelola.

2.3. Buat Langkah-Langkah Sistematis

Urutkan langkah secara logis dan pastikan setiap langkah dapat diukur dan dievaluasi.

2.4. Terapkan Iterasi dan Evaluasi

Selalu evaluasi hasil dan lakukan perbaikan berkelanjutan.

3. Algoritma Hidup dalam Pengambilan Keputusan

3.1. Langkah-Langkah Pengambilan Keputusan

Efektif

1. Identifikasi masalah atau pilihan.
2. Kumpulkan informasi yang relevan.
3. Tentukan kriteria keputusan.
4. Buat daftar alternatif solusi.
5. Evaluasi alternatif berdasarkan kriteria.
6. Pilih alternatif terbaik.
7. Implementasikan dan evaluasi hasilnya.

3.2. Contoh Praktis: Memilih Karier

- Tentukan tujuan karier.
- Teliti peluang dan kebutuhan pasar.
- Sesuaikan dengan nilai dan minat pribadi.
- Evaluasi prospek jangka panjang.
- Ambil keputusan dan buat rencana aksi.

4. Manajemen Waktu dengan Algoritma Hidup

4.1. Prinsip Prioritas

Gunakan matriks Eisenhower (urgent-important) untuk menentukan prioritas tugas.

4.2. Teknik Pomodoro dan Time Blocking

Mengatur waktu kerja dengan sesi fokus dan istirahat terjadwal.

4.3. Langkah Membuat Algoritma Manajemen Waktu

1. Buat daftar tugas harian.
2. Kategorikan berdasarkan prioritas.

3. Atur waktu untuk setiap tugas.
4. Gunakan teknik fokus dan istirahat.
5. Evaluasi hasil dan sesuaikan jadwal.

5. Membangun Kebiasaan Positif melalui Algoritma Hidup

5.1. Prinsip Habit Loop

Trigger - Rutinitas - Reward.

5.2. Langkah Membentuk Kebiasaan Baru

1. Tentukan kebiasaan yang ingin dibangun.
2. Hubungkan dengan trigger yang sudah ada.
3. Buat rutinitas yang sederhana dan mudah dilakukan.
4. Beri reward sebagai motivasi.
5. Lakukan konsisten dan evaluasi setiap minggu.

5.3. Mengatasi Kebiasaan Buruk

1. Identifikasi trigger.
2. Ganti rutinitas dengan kebiasaan positif.
3. Hilangkan reward negatif.

6. Algoritma Hidup dalam Mengelola Emosi dan Stres

6.1. Langkah Mengelola Emosi

1. Sadari dan kenali emosi.
2. Beri jarak dan jangan reaktif.
3. Analisis penyebab emosi.

4. Ambil tindakan yang konstruktif.
5. Refleksi dan belajar dari pengalaman.

6.2. Teknik Relaksasi dan Mindfulness

- Meditasi.
- Pernapasan dalam.
- Olahraga ringan.

7. Menerapkan Algoritma Hidup untuk Pengembangan Diri

7.1. Langkah Perencanaan Pengembangan Diri

1. Tentukan area pengembangan (skill, mindset, kesehatan).
2. Buat tujuan SMART (Specific, Measurable, Achievable, Relevant, Time-bound).
3. Identifikasi sumber belajar.
4. Buat jadwal belajar dan praktik.
5. Evaluasi progres secara berkala.

7.2. Contoh: Meningkatkan Kemampuan Public Speaking

- Targetkan berapa kali berbicara di depan umum dalam 3 bulan.
- Cari pelatihan atau komunitas.
- Latihan secara rutin.
- Rekam dan evaluasi penampilan.

8. Studi Kasus Algoritma Hidup yang Berhasil

8.1. Kisah Sukses Pengusaha Muda

Seorang pengusaha muda membuat algoritma hidup sederhana untuk mengelola waktu, keputusan bisnis, dan pengembangan diri yang membantu mengembangkan startup-nya hingga sukses.

8.2. Pengalaman Seorang Profesional dalam Mengatasi Stres

Menggunakan algoritma pengelolaan emosi dan mindfulness, profesional ini berhasil menurunkan tingkat stres dan meningkatkan produktivitas kerja.

9. Tantangan dan Cara Mengatasi dalam Menerapkan Algoritma Hidup

- Kebiasaan lama yang sulit diubah.
- Ketidakkonsistenan.
- Kurangnya motivasi.
- Perubahan situasi dan kebutuhan.
- Cara mengatasinya: Buat algoritma lebih fleksibel, gunakan reminder, cari dukungan sosial.

10. Tips Praktis Membuat dan Mengikuti Algoritma Hidup

- Mulailah dengan tujuan kecil dan sederhana.

- Gunakan catatan dan aplikasi pendukung.
- Berikan reward untuk pencapaian.
- Jangan takut melakukan iterasi dan perbaikan.
- Libatkan orang terdekat untuk dukungan.

Kesimpulan Bab

Mengadopsi prinsip algoritma ke dalam kehidupan nyata membantu kita menjalani hidup dengan lebih terstruktur dan bermakna. Algoritma hidup memberikan kerangka kerja yang jelas dalam menghadapi masalah, membuat keputusan, membangun kebiasaan, dan mengelola emosi. Dengan konsistensi dan evaluasi, setiap individu dapat mengembangkan algoritma hidup yang personal dan efektif demi mencapai kualitas hidup yang lebih baik.

Bab 18:

Algoritma Pasar dan Konsumen. Cara Memahami dan Memanfaatkannya untuk Meningkatkan Bisnis

Pendahuluan

Dalam dunia bisnis yang kompetitif, memahami perilaku pasar dan konsumen adalah kunci sukses yang tak bisa diabaikan. Algoritma pasar dan konsumen adalah pola-pola sistematis dan model matematis yang membantu memprediksi dan menginterpretasi perilaku pembelian, tren pasar, dan interaksi pelanggan. Dengan memanfaatkan algoritma ini, bisnis dapat mengambil keputusan yang lebih cerdas, menyesuaikan strategi pemasaran, dan meningkatkan efisiensi operasional.

Bab ini akan membahas konsep algoritma pasar dan konsumen, bagaimana cara kerja mereka, berbagai jenis algoritma yang umum digunakan, serta strategi praktis memanfaatkannya untuk pertumbuhan bisnis yang berkelanjutan.

1. Memahami Algoritma Pasar dan Konsumen

1.1. Apa Itu Algoritma Pasar dan Konsumen?

Algoritma pasar dan konsumen merupakan proses matematis dan statistik yang mengolah data pasar dan perilaku konsumen untuk menghasilkan wawasan yang membantu pengambilan keputusan bisnis.

1.2. Peran Algoritma dalam Bisnis Modern

- Menganalisis tren pasar secara real-time.
- Memahami preferensi dan perilaku konsumen.
- Membantu segmentasi pasar yang lebih akurat.
- Mengoptimalkan harga dan promosi.
- Memprediksi permintaan dan stok barang.

2. Jenis-jenis Algoritma Pasar dan Konsumen

2.1. Algoritma Rekomendasi (Recommendation Algorithms)

Digunakan untuk memberikan rekomendasi produk atau jasa yang relevan kepada konsumen berdasarkan preferensi dan riwayat pembelian.

Contoh: Sistem rekomendasi Amazon dan Netflix.

2.2. Algoritma Segmentasi (Segmentation Algorithms)

Mengelompokkan konsumen ke dalam segmen yang memiliki karakteristik dan kebutuhan serupa.

Teknik: K-means clustering, hierarchical clustering.

2.3. Algoritma Prediksi Permintaan (Demand Forecasting Algorithms)

Memperkirakan permintaan pasar berdasarkan data historis dan faktor eksternal.

Teknik: Time series analysis, regresi, machine learning.

2.4. Algoritma Penentuan Harga Dinamis (Dynamic Pricing Algorithms)

Menyesuaikan harga produk secara otomatis berdasarkan permintaan, kompetitor, dan kondisi pasar.

Contoh: Harga tiket pesawat dan ride-sharing.

3. Data sebagai Dasar Algoritma Pasar dan Konsumen

3.1. Sumber Data

- Data transaksi penjualan.
- Data perilaku pelanggan (web analytics, klik, interaksi).
- Data sosial media dan review.
- Data demografi dan geografis.

3.2. Pentingnya Data Berkualitas

Data yang bersih, lengkap, dan akurat adalah fondasi utama agar algoritma memberikan hasil yang valid dan bermanfaat.

4. Implementasi Algoritma untuk Memahami Pasar dan Konsumen

4.1. Pengumpulan dan Pengolahan Data

- Menggunakan software CRM, Google Analytics, dan platform Big Data.
- Membersihkan data dari noise dan outlier.

4.2. Analisis dan Visualisasi Data

- Membuat dashboard interaktif.

- Melihat pola dan tren utama dalam data.

4.3. Pengambilan Keputusan Berbasis Data

- Menggunakan insight untuk menentukan strategi pemasaran.
- Menyesuaikan produk sesuai kebutuhan segmen pasar.

5. Strategi Memanfaatkan Algoritma Pasar dan Konsumen untuk Bisnis

5.1. Personalisasi Pengalaman Pelanggan

Menyesuaikan komunikasi, produk, dan penawaran berdasarkan profil dan perilaku konsumen.

5.2. Optimalisasi Inventori dan Rantai Pasok

Memperkirakan kebutuhan stok untuk mengurangi biaya penyimpanan dan risiko kehabisan barang.

5.3. Peningkatan Efektivitas Kampanye Pemasaran

Menggunakan segmentasi untuk menargetkan audiens dengan iklan yang relevan.

5.4. Pengembangan Produk Baru Berdasarkan Wawasan Pasar

Mendapatkan ide produk atau layanan baru berdasarkan data preferensi konsumen.

6. Studi Kasus Algoritma Pasar dan

Konsumen

6.1. Ritel Online yang Meningkatkan Penjualan dengan Algoritma Rekomendasi

Sebuah toko e-commerce menerapkan algoritma rekomendasi yang berhasil menaikkan rata-rata nilai pembelian pelanggan sebesar 30%.

6.2. Perusahaan FMCG Menggunakan Dynamic Pricing

Dengan menyesuaikan harga secara dinamis, perusahaan ini berhasil meningkatkan margin keuntungan selama periode puncak penjualan.

7. Tantangan dalam Menggunakan Algoritma Pasar dan Konsumen

7.1. Kompleksitas dan Biaya Implementasi

Algoritma yang canggih memerlukan sumber daya dan investasi teknologi yang tidak sedikit.

7.2. Masalah Privasi dan Etika Data

Penggunaan data konsumen harus mematuhi regulasi dan menjaga kepercayaan pelanggan.

7.3. Ketergantungan pada Data yang Berkualitas

Data yang kurang lengkap atau bias bisa menghasilkan insight yang salah.

8. Tips Praktis Menerapkan Algoritma Pasar dan Konsumen

- Mulai dengan data yang sudah ada dan tingkatkan secara bertahap.
- Gunakan software dan tools yang sesuai kebutuhan dan budget.
- Latih tim untuk memahami dan memanfaatkan data.
- Selalu evaluasi hasil dan lakukan iterasi pada algoritma.
- Jaga transparansi dan etika dalam penggunaan data konsumen.

Kesimpulan Bab

Algoritma pasar dan konsumen adalah alat yang sangat kuat untuk membantu bisnis memahami dan melayani pelanggan dengan lebih baik. Dengan data yang tepat dan strategi yang matang, bisnis dapat meningkatkan efisiensi, inovasi, dan keuntungan secara signifikan. Menerapkan algoritma secara bijak tidak hanya memberi keunggulan kompetitif, tetapi juga membangun hubungan yang lebih kuat dengan pelanggan.

Bab 19:

Penerapan Algoritma dalam Pengelolaan Media Sosial untuk Meningkatkan Viralitas

Pendahuluan

Di era digital saat ini, media sosial telah menjadi platform utama untuk membangun brand, menjalin hubungan dengan audiens, dan mempromosikan konten secara masif. Namun, dengan jumlah konten yang sangat besar setiap harinya, menjadi viral bukanlah perkara kebetulan, melainkan hasil penerapan strategi yang tepat yang didukung oleh pemahaman mendalam terhadap algoritma media sosial.

Bab ini akan mengupas secara detail bagaimana algoritma media sosial bekerja, cara memanfaatkannya secara optimal untuk mengelola konten, membangun komunitas, serta strategi agar konten menjadi viral dan menjangkau audiens yang lebih luas.

1. Memahami Algoritma Media Sosial

1.1. Apa itu Algoritma Media Sosial?

Algoritma media sosial adalah sistem yang dirancang untuk menyaring dan mengatur konten berdasarkan relevansi dan interaksi pengguna, sehingga setiap individu melihat konten yang paling sesuai dengan minat dan perilaku mereka.

1.2. Tujuan Algoritma

- Meningkatkan pengalaman pengguna.

- Mengoptimalkan engagement.
- Memaksimalkan waktu yang dihabiskan pengguna di platform.

1.3. Contoh Algoritma Platform Utama

- **Facebook/Instagram:** Memprioritaskan konten yang mendapat banyak komentar dan share.

- **TikTok:** Fokus pada waktu tonton video dan interaksi awal.

- **YouTube:** Memprioritaskan watch time dan klik konten terkait.

- **Twitter:** Menggabungkan kronologi dengan relevansi.

2. Komponen Utama Algoritma Media Sosial

2.1. Engagement (Interaksi)

Like, komentar, share, dan save adalah indikator utama yang menunjukkan kualitas konten.

2.2. Relevansi Konten

Konten yang sesuai dengan minat dan perilaku pengguna akan diprioritaskan.

2.3. Konsistensi Posting

Akun yang aktif dan rutin mengunggah konten cenderung mendapat prioritas.

2.4. Waktu Tonton dan Retensi

Konten yang membuat pengguna bertahan lama (waktu tonton) akan dipromosikan lebih luas.

3. Strategi Pengelolaan Konten Berdasarkan Algoritma

3.1. Membuat Konten yang Memicu Interaksi

- Gunakan pertanyaan terbuka untuk mengundang komentar.
- Buat konten yang mengajak pengguna berbagi pengalaman.
- Gunakan call-to-action (CTA) yang jelas.

3.2. Optimalkan Format Konten

- Gunakan video pendek yang menarik.
- Gunakan caption yang mudah dibaca dan mengandung keyword relevan.
- Gunakan hashtag yang sedang tren dan relevan.

3.3. Posting pada Waktu Optimal

Analisis waktu paling aktif audiens dan jadwalkan posting di waktu tersebut.

4. Membangun Komunitas dan Interaksi Organik

4.1. Balas Komentar dan Pesan

Interaksi dua arah meningkatkan engagement dan menumbuhkan komunitas.

4.2. Kolaborasi dengan Influencer dan Akun Relevan

Memperluas jangkauan dan menambah kredibilitas.

4.3. Buat Konten Interaktif

Polling, kuis, dan live streaming meningkatkan keterlibatan pengguna.

5. Menggunakan Data dan Analitik untuk Optimasi

5.1. Mengukur Performansi Konten

Gunakan insight platform untuk mengetahui konten mana yang paling efektif.

5.2. Tes A/B

Uji variasi konten untuk melihat mana yang paling disukai audiens.

5.3. Iterasi dan Adaptasi

Perbaiki strategi berdasarkan data dan tren terbaru.

6. Tips Khusus untuk Meningkatkan Viralitas

6.1. Fokus pada Cerita yang Memicu Emosi

Konten yang menyentuh emosi seperti kebahagiaan, kejutan, atau inspirasi lebih mudah viral.

6.2. Gunakan Tren dan Challenge

Ikuti tren populer dan challenge yang sedang ramai untuk mendapatkan eksposur.

6.3. Gunakan Musik dan Visual yang Menarik

Musik dan visual yang catchy meningkatkan daya tarik dan retensi.

6.4. Konsistensi dan Kesabaran

Viralitas seringkali butuh waktu dan kesabaran serta konten yang konsisten.

7. Studi Kasus Penerapan Algoritma untuk Viralitas

7.1. Kampanye TikTok yang Viral

Bagaimana sebuah brand menggunakan challenge TikTok untuk memicu ribuan partisipasi.

7.2. Konten Instagram yang Mendulang Komentar

Menggunakan caption yang memancing diskusi dan tag teman untuk meningkatkan reach.

8. Kesalahan yang Harus Dihindari dalam Pengelolaan Media Sosial

- Membanjiri feed dengan konten promosi.
- Mengabaikan feedback dan komentar pengguna.
- Tidak memperhatikan kualitas konten.
- Mengabaikan analitik dan data performa.

9. Mengintegrasikan Algoritma dengan Strategi Pemasaran Lain

- Menghubungkan media sosial dengan website dan email marketing.

- Menggunakan influencer marketing secara strategis.
- Menerapkan paid ads untuk meningkatkan exposure.

Kesimpulan Bab

Mengelola media sosial untuk viralitas memerlukan pemahaman yang mendalam terhadap algoritma yang mengatur distribusi konten. Dengan strategi yang tepat, konten Anda tidak hanya bisa menjangkau audiens yang lebih luas tetapi juga membangun komunitas yang kuat dan loyal. Kombinasi konten berkualitas, interaksi aktif, dan analitik yang cermat menjadi kunci keberhasilan dalam dunia media sosial yang dinamis.

Bab 20:

Algoritma Hidup. Membentuk Kebiasaan Positif dan Meningkatkan Produktivitas Secara Sistematis

Pendahuluan

Mengelola hidup dan waktu secara efisien sering kali menjadi tantangan terbesar bagi banyak orang. Terlebih lagi, di era serba cepat dan penuh distraksi, produktivitas bisa saja menurun dan kebiasaan negatif mudah terbentuk. Namun, dengan mengadopsi prinsip algoritma dalam hidup, kita dapat membentuk kebiasaan positif secara sistematis dan meningkatkan produktivitas secara berkelanjutan.

Bab ini akan membahas bagaimana membuat "algoritma hidup" yang dirancang khusus untuk membentuk kebiasaan baik, menghilangkan kebiasaan buruk, dan mengoptimalkan produktivitas harian secara konsisten.

1. Pentingnya Kebiasaan dalam Kehidupan

1.1. Apa itu Kebiasaan?

Kebiasaan adalah perilaku yang dilakukan secara otomatis dan berulang. Kebiasaan baik dapat membawa perubahan besar dalam hidup jika dilakukan secara konsisten.

1.2. Hubungan Kebiasaan dan Produktivitas

Kebiasaan positif mendukung fokus, mengurangi stres, dan membantu mencapai tujuan dengan lebih cepat.

2. Prinsip Dasar Membentuk Kebiasaan Positif dengan Algoritma Hidup

2.1. Algoritma Habit Loop

Setiap kebiasaan terdiri dari tiga komponen utama:

- **Trigger (Pemicu):** Sinyal atau kondisi yang memulai kebiasaan.
- **Rutinitas:** Tindakan atau perilaku yang dilakukan.
- **Reward (Hadiah):** Imbalan yang memperkuat kebiasaan tersebut.

2.2. Langkah Membentuk Kebiasaan Baru

1. **Identifikasi Trigger:** Tentukan kapan dan di mana kebiasaan baru akan dimulai.
2. **Definisikan Rutinitas:** Tentukan tindakan yang jelas dan mudah dilakukan.
3. **Berikan Reward:** Cari cara memberi penghargaan agar motivasi tetap tinggi.

2.3. Contoh Algoritma Membentuk Kebiasaan Bangun Pagi

- Trigger: Alarm berbunyi pukul 5 pagi.
- Rutinitas: Bangun, minum air, dan olahraga ringan.
- Reward: Merasa segar dan mendapatkan energi.

3. Menghilangkan Kebiasaan Buruk dengan Algoritma Hidup

3.1. Identifikasi Trigger Kebiasaan Buruk

Pahami situasi atau perasaan apa yang memicu kebiasaan buruk.

3.2. Ganti Rutinitas Negatif dengan Positif

Buat alternatif tindakan yang lebih sehat atau produktif saat trigger muncul.

3.3. Hapus atau Ubah Trigger

Jika memungkinkan, hilangkan stimulus yang memicu kebiasaan buruk.

3.4. Contoh Algoritma Mengurangi Kebiasaan Menunda Pekerjaan

- Trigger: Merasa bosan saat bekerja.
- Rutinitas baru: Beristirahat 5 menit dengan peregangan.
- Reward: Tubuh lebih rileks dan siap kembali fokus.

4. Teknik dan Metode Membentuk Kebiasaan Produktif

4.1. Teknik "Tiny Habits"

Mulailah dengan kebiasaan sangat kecil yang mudah dilakukan, misalnya menulis satu kalimat setiap hari.

4.2. Teknik "Habit Stacking"

Gabungkan kebiasaan baru dengan kebiasaan lama, misalnya membaca buku setelah minum kopi pagi.

4.3. Penggunaan Reminder dan Alarm

Gunakan teknologi untuk mengingatkan kapan melakukan kebiasaan baru.

4.4. Melacak Kemajuan

Gunakan jurnal atau aplikasi untuk mencatat konsistensi kebiasaan.

5. Algoritma Hidup untuk Meningkatkan Produktivitas Harian

5.1. Manajemen Waktu Sistematis

- Buat daftar tugas harian (to-do list).
- Prioritaskan dengan metode Eisenhower Matrix.
- Gunakan teknik Pomodoro untuk sesi kerja fokus.

5.2. Membagi Waktu untuk Istirahat dan Refleksi

Jangan lupa jadwalkan waktu untuk istirahat guna menghindari burnout.

5.3. Evaluasi Harian

Setiap akhir hari, evaluasi pencapaian dan buat rencana untuk hari berikutnya.

6. Studi Kasus: Algoritma Hidup yang Membantu Meningkatkan Produktivitas

6.1. Kisah Seorang Freelancer

Freelancer yang sebelumnya sering menunda pekerjaan mulai menggunakan algoritma habit stacking dan Pomodoro, hasilnya produktivitas meningkat signifikan dan deadline selalu terpenuhi.

6.2. Kisah Seorang Mahasiswa

Mahasiswa yang menerapkan teknik tiny habits dan tracking kemajuan mampu membagi waktu belajar dan istirahat dengan baik sehingga nilai meningkat.

7. Tantangan dalam Membentuk Kebiasaan dan Meningkatkan Produktivitas

7.1. Hambatan Mental dan Emosional

Rasa malas, takut gagal, atau stres dapat menjadi penghalang.

7.2. Lingkungan yang Tidak Mendukung

Faktor eksternal seperti gangguan atau kurangnya dukungan sosial.

7.3. Cara Mengatasi

- Mulai dengan langkah kecil dan realistis.
- Cari dukungan dari teman atau komunitas.
- Terapkan self-compassion dan jangan terlalu keras pada diri sendiri.

8. Tips Praktis Membuat Algoritma Hidup untuk Kebiasaan dan Produktivitas

- Tentukan tujuan yang jelas dan realistis.
- Mulai dari kebiasaan yang paling mudah dilakukan.
- Gunakan alat bantu seperti aplikasi habit tracker.
- Jadwalkan waktu khusus untuk refleksi dan evaluasi.
- Berikan reward untuk setiap pencapaian kecil.

Kesimpulan Bab

Menerapkan algoritma hidup dalam membentuk kebiasaan positif dan meningkatkan produktivitas adalah strategi efektif untuk menjalani hidup yang lebih bermakna dan terarah. Dengan pendekatan sistematis dan konsisten, Anda bisa menghilangkan kebiasaan buruk, membangun pola hidup sehat, dan mencapai tujuan secara lebih efisien. Kunci keberhasilan terletak pada disiplin, evaluasi, dan kemauan untuk terus beradaptasi.

Bab 21:

Algoritma dalam Pengelolaan Krisis dan Pengambilan Keputusan Kritis

Pendahuluan

Krisis adalah situasi yang tidak terduga dan dapat menimbulkan dampak besar bagi individu, organisasi, maupun masyarakat luas. Dalam menghadapi krisis, kemampuan untuk mengambil keputusan cepat, tepat, dan terstruktur menjadi sangat krusial. Algoritma dalam pengelolaan krisis dan pengambilan keputusan kritis berfungsi sebagai kerangka sistematis yang membantu memproses informasi kompleks secara efisien, meminimalisir risiko kesalahan, dan mengoptimalkan hasil.

Bab ini akan membahas konsep algoritma dalam konteks krisis, bagaimana algoritma dapat membantu dalam pengambilan keputusan kritis, berbagai model dan teknik yang digunakan, serta contoh penerapannya dalam kehidupan nyata dan bisnis.

1. Memahami Krisis dan Pentingnya Pengelolaan yang Tepat

1.1. Definisi Krisis

Krisis adalah kondisi darurat yang membutuhkan respons segera karena potensi kerugian yang besar jika tidak ditangani dengan benar.

1.2. Jenis-jenis Krisis

- **Krisis organisasi:** seperti kebangkrutan, kegagalan produk.
- **Krisis sosial:** konflik, bencana alam, pandemi.
- **Krisis pribadi:** masalah kesehatan, keuangan.

1.3. Dampak Krisis

Krisis yang tidak dikelola dengan baik dapat menimbulkan kerugian finansial, reputasi, dan bahkan keselamatan jiwa.

2. Peran Algoritma dalam Pengelolaan Krisis

2.1. Algoritma sebagai Kerangka Pengambilan Keputusan

Algoritma menyediakan langkah-langkah sistematis untuk menganalisis situasi, mengidentifikasi opsi, dan memilih solusi terbaik.

2.2. Keuntungan Menggunakan Algoritma

- Mempercepat proses pengambilan keputusan.
- Mengurangi subjektivitas dan bias.
- Mengoptimalkan sumber daya yang terbatas.
- Meningkatkan akurasi dan konsistensi.

3. Tahapan Pengelolaan Krisis dengan Algoritma

3.1. Deteksi dan Identifikasi Krisis

- Pengumpulan data real-time.

- Penggunaan sistem monitoring dan early warning.
- Contoh: Sensor cuaca dalam bencana alam.

3.2. Analisis Situasi

- Mengkategorikan tingkat keparahan.
- Memperkirakan dampak jangka pendek dan panjang.

3.3. Penentuan Opsi Tindakan

- Mengembangkan skenario respons.
- Memprioritaskan tindakan berdasarkan sumber daya.

3.4. Implementasi Keputusan

- Melaksanakan rencana tindakan.
- Koordinasi antar tim dan stakeholder.

3.5. Evaluasi dan Adaptasi

- Memantau hasil tindakan.
- Melakukan penyesuaian bila diperlukan.

4. Model Algoritma dalam Pengambilan Keputusan Kritis

4.1. Algoritma Decision Tree

Decision tree membantu memvisualisasikan pilihan dan konsekuensi untuk memudahkan pengambilan keputusan.

4.2. Algoritma Bayesian Networks

Menggunakan probabilitas untuk memperkirakan hasil dan ketidakpastian dalam pengambilan keputusan.

4.3. Algoritma Fuzzy Logic

Memungkinkan pengambilan keputusan dalam kondisi data yang tidak pasti atau ambigu.

4.4. Algoritma Optimization

Mencari solusi optimal berdasarkan berbagai parameter dan batasan.

5. Teknik Pendukung Pengelolaan Krisis

5.1. Sistem Pendukung Keputusan (Decision Support System - DSS)

Software yang mengintegrasikan data dan model algoritmik untuk membantu pengambil keputusan.

5.2. Simulasi dan Scenario Planning

Menggunakan model untuk memprediksi berbagai kemungkinan dan mempersiapkan respons.

5.3. Artificial Intelligence dan Machine Learning

Mengolah data besar dan belajar dari pola untuk prediksi dan rekomendasi tindakan.

6. Studi Kasus Penerapan Algoritma dalam Krisis

6.1. Penanggulangan Bencana Alam

Penggunaan algoritma prediksi cuaca dan evakuasi yang mengoptimalkan jalur evakuasi dan penyebaran bantuan.

6.2. Manajemen Krisis Perusahaan

Perusahaan menggunakan decision tree untuk memilih strategi krisis komunikasi saat produk bermasalah.

6.3. Penanganan Krisis Kesehatan Masyarakat

Algoritma prediksi penyebaran virus dan pengalokasian sumber daya medis selama pandemi.

7. Tantangan dalam Penggunaan Algoritma Krisis

7.1. Kompleksitas Data dan Situasi

Krisis sering kali melibatkan banyak variabel dan ketidakpastian tinggi.

7.2. Keterbatasan Data dan Informasi

Data yang tidak lengkap atau terlambat dapat menghambat algoritma.

7.3. Resistensi dan Faktor Manusia

Keputusan akhir sering kali bergantung pada faktor manusia yang mungkin tidak selalu rasional.

8. Tips Praktis Menggunakan Algoritma dalam Krisis

- Pastikan data yang digunakan valid dan terkini.
- Libatkan ahli dan tim multidisiplin dalam pengembangan algoritma.
- Latih tim untuk memahami dan menggunakan alat algoritmik.
- Selalu sediakan rencana cadangan dan fleksibilitas.
- Evaluasi dan perbaiki algoritma secara berkala.

Kesimpulan Bab

Penggunaan algoritma dalam pengelolaan krisis dan pengambilan keputusan kritis merupakan pendekatan efektif yang membantu mengelola ketidakpastian dan kompleksitas. Dengan langkah sistematis dan data-driven, organisasi dan individu dapat merespons krisis secara cepat dan tepat, meminimalkan dampak negatif, serta mempercepat proses pemulihan. Namun, keberhasilan implementasi juga sangat bergantung pada kualitas data, pemahaman manusia, dan kesiapan beradaptasi terhadap perubahan situasi.

Bab 22:

Algoritma Pasar dan Konsumen. Memahami Perilaku Konsumen untuk Strategi Pemasaran yang Efektif

Pendahuluan

Dalam dunia bisnis, memahami perilaku konsumen adalah kunci utama untuk merancang strategi pemasaran yang tepat dan efektif. Algoritma pasar dan konsumen berperan penting dalam mengolah data perilaku pelanggan, memprediksi tren, serta mengidentifikasi kebutuhan dan preferensi pasar. Dengan pemanfaatan algoritma yang tepat, bisnis dapat mengambil keputusan berbasis data yang lebih akurat, meningkatkan kepuasan pelanggan, serta mengoptimalkan penjualan.

Bab ini akan membahas secara komprehensif bagaimana algoritma digunakan untuk memahami pasar dan perilaku konsumen, teknik yang sering dipakai, contoh penerapan, serta tips praktis untuk mengintegrasikan algoritma dalam strategi pemasaran Anda.

1. Memahami Pasar dan Konsumen

1.1. Definisi Pasar dan Konsumen

- **Pasar** adalah tempat bertemunya penjual dan pembeli yang melibatkan pertukaran barang atau jasa.

- **Konsumen** adalah individu atau kelompok yang menggunakan produk atau jasa yang ditawarkan.

1.2. Mengapa Memahami Konsumen Itu Penting?

- Menyesuaikan produk dengan kebutuhan.
- Meningkatkan pengalaman pelanggan.
- Membangun loyalitas dan meningkatkan retensi.

2. Peran Algoritma dalam Menganalisis Pasar dan Konsumen

2.1. Pengumpulan Data Konsumen

Data dapat berupa data demografis, perilaku pembelian, preferensi, feedback, dan interaksi digital.

2.2. Pengolahan dan Analisis Data

Algoritma digunakan untuk mengolah data besar (big data) dan menemukan pola perilaku yang tersembunyi.

2.3. Prediksi dan Segmentasi

- **Prediksi tren:** Memperkirakan produk atau layanan yang akan diminati.

- **Segmentasi pasar:** Membagi konsumen ke dalam kelompok berdasarkan karakteristik dan perilaku.

3. Teknik Algoritma untuk Analisis Pasar dan Konsumen

3.1. Clustering

Mengelompokkan konsumen berdasarkan kemiripan perilaku atau karakteristik (misalnya K-Means clustering).

3.2. Classification

Mengklasifikasikan konsumen ke dalam kategori tertentu (misalnya pembeli setia, calon pelanggan).

3.3. Association Rule Mining

Mendeteksi pola keterkaitan antar produk yang sering dibeli bersamaan (contoh: market basket analysis).

3.4. Predictive Analytics

Menggunakan machine learning untuk memprediksi perilaku pembelian di masa depan.

4. Studi Kasus: Penerapan Algoritma dalam Strategi Pemasaran

4.1. Personalization di E-Commerce

Bagaimana platform menggunakan algoritma rekomendasi untuk meningkatkan penjualan.

4.2. Kampanye Iklan Terarah (Targeted Advertising)

Memanfaatkan segmentasi untuk mengirimkan iklan yang relevan pada audiens yang tepat.

4.3. Manajemen Hubungan Pelanggan (CRM)

Menggunakan algoritma untuk memprediksi churn dan mengoptimalkan retensi pelanggan.

5. Algoritma dan Data Konsumen dalam Era Digital

5.1. Sumber Data Digital

- Media sosial
- Website analytics
- Transaksi online
- Feedback dan review pelanggan

5.2. Etika dan Privasi Data

Pentingnya menjaga data konsumen dan mematuhi regulasi seperti GDPR dan CCPA.

6. Membangun Strategi Pemasaran Berbasis Algoritma

6.1. Langkah-Langkah Membuat Strategi

1. Kumpulkan data yang relevan.
2. Gunakan algoritma untuk analisis dan segmentasi.
3. Kembangkan konten dan produk sesuai segmen.
4. Jalankan kampanye pemasaran terarah.
5. Evaluasi hasil dan lakukan iterasi.

6.2. Tools dan Platform Pendukung

- Google Analytics
- CRM systems seperti Salesforce
- Machine learning platforms seperti TensorFlow

7. Tantangan dalam Penggunaan Algoritma

Pasar dan Konsumen

- Data yang tidak lengkap atau bias.
- Kompleksitas integrasi sistem.
- Keterbatasan sumber daya manusia yang paham data.
- Risiko overfitting dalam model prediksi.

8. Tips Praktis untuk Mengoptimalkan Algoritma Pasar dan Konsumen

- Pastikan data yang digunakan berkualitas dan representatif.
- Kolaborasi antara tim pemasaran dan data scientist.
- Terapkan continuous learning dan update model secara berkala.
- Fokus pada pengalaman pelanggan dan bukan hanya angka.

Kesimpulan Bab

Algoritma pasar dan konsumen membuka peluang besar bagi bisnis untuk lebih memahami kebutuhan dan perilaku pelanggan secara mendalam. Dengan strategi pemasaran yang didukung oleh algoritma, bisnis dapat menjadi lebih responsif terhadap perubahan pasar, meningkatkan efisiensi pemasaran, dan membangun hubungan jangka panjang dengan konsumen. Kunci keberhasilan adalah memanfaatkan data dengan bijak, menggabungkan teknologi dengan kreativitas, serta menjaga integritas data dan etika penggunaan.

Bab 23:

Algoritma Media Sosial. Strategi Membuat Konten Viral dan Memaksimalkan Engagement

Pendahuluan

Media sosial telah menjadi salah satu platform utama dalam komunikasi, pemasaran, dan interaksi sosial di era digital saat ini. Dengan miliaran pengguna aktif di berbagai platform seperti Instagram, Facebook, TikTok, dan Twitter, media sosial menawarkan peluang besar untuk menyebarkan pesan, membangun brand, dan menjangkau audiens secara luas. Namun, agar konten dapat mencapai jangkauan maksimal, memahami algoritma media sosial adalah kunci utama.

Algoritma media sosial berfungsi sebagai sistem yang menentukan konten apa yang ditampilkan kepada pengguna, kapan, dan dalam urutan apa. Dengan memahami cara kerja algoritma ini, Anda dapat merancang strategi konten yang lebih efektif, memaksimalkan engagement, dan berpotensi membuat konten viral.

Bab ini akan mengupas tuntas bagaimana algoritma media sosial bekerja, strategi dan teknik membuat konten viral, serta tips praktis untuk memanfaatkan algoritma agar kampanye media sosial Anda berhasil.

1. Memahami Algoritma Media Sosial

1.1. Apa Itu Algoritma Media Sosial?

Algoritma media sosial adalah sistem pemrograman yang mengatur apa saja konten yang muncul di feed pengguna berdasarkan sejumlah faktor, seperti interaksi sebelumnya, relevansi, dan popularitas konten.

1.2. Tujuan Algoritma

- Menyajikan konten yang paling relevan dan menarik bagi pengguna.
- Meningkatkan waktu yang dihabiskan pengguna di platform.
- Mendorong interaksi dan keterlibatan dengan konten.

1.3. Perbedaan Algoritma di Berbagai Platform

- **Facebook dan Instagram:** Memprioritaskan konten dari teman, keluarga, dan akun yang sering berinteraksi.

- **TikTok:** Menggunakan sistem rekomendasi berbasis minat yang sangat personal dan cepat berubah.

- **Twitter:** Menampilkan tweet berdasarkan relevansi dan waktu posting.

2. Faktor-Faktor yang Mempengaruhi Algoritma Media Sosial

2.1. Engagement (Interaksi)

Komentar, likes, shares, dan saves adalah sinyal utama yang menunjukkan kualitas dan relevansi konten.

2.2. Waktu dan Frekuensi Posting

Waktu posting yang tepat dapat meningkatkan visibilitas dan engagement. Konsistensi juga penting agar akun tetap aktif di mata algoritma.

2.3. Relevansi Konten

Algoritma menilai apakah konten sesuai dengan minat dan perilaku pengguna sebelumnya.

2.4. Kualitas Konten

Konten yang orisinal, menarik, dan memiliki nilai tambah lebih disukai oleh algoritma.

3. Strategi Membuat Konten Viral

3.1. Memahami Audiens Target

Lakukan riset mendalam tentang demografi, minat, dan perilaku audiens untuk menciptakan konten yang resonan.

3.2. Membuat Konten yang Emosional dan Menginspirasi

Konten yang memicu emosi positif atau negatif, seperti tawa, inspirasi, atau keprihatinan, cenderung lebih banyak dibagikan.

3.3. Gunakan Visual yang Menarik

Gambar dan video berkualitas tinggi serta kreatif dapat meningkatkan daya tarik konten.

3.4. Manfaatkan Tren dan Challenge

Ikuti tren yang sedang populer dan tantangan yang sedang viral untuk meningkatkan exposure.

3.5. Call to Action (CTA) yang Jelas

Ajak audiens untuk berinteraksi, misalnya dengan bertanya, memberikan opini, atau membagikan konten.

4. Teknik Mengoptimalkan Engagement

4.1. Konsistensi dalam Posting

Buat jadwal posting rutin untuk menjaga interaksi dengan audiens.

4.2. Balas Komentar dan Pesan

Interaksi dua arah membangun komunitas dan meningkatkan engagement.

4.3. Gunakan Hashtag dengan Strategi

Hashtag yang relevan membantu menjangkau audiens lebih luas.

4.4. Kolaborasi dengan Influencer dan Komunitas

Bekerja sama dengan pihak lain dapat memperluas jangkauan dan kredibilitas.

4.5. Analisis dan Evaluasi

Gunakan tools analytics untuk mengukur performa konten dan menyesuaikan strategi.

5. Studi Kasus Konten Viral di Media Sosial

5.1. Contoh Viral TikTok

Video dengan konsep unik dan cepat menyesuaikan tren berhasil menjangkau jutaan pengguna dalam waktu singkat.

5.2. Kampanye Viral di Instagram

Brand menggunakan konten story interaktif dan giveaway untuk meningkatkan engagement dan followers.

5.3. Kesuksesan Konten Facebook

Konten edukatif dan inspiratif yang konsisten mendapatkan engagement tinggi dan berbagi luas.

6. Tantangan dan Risiko dalam Menggunakan Algoritma Media Sosial

6.1. Ketergantungan pada Algoritma yang Berubah-ubah

Algoritma sering mengalami perubahan yang dapat mempengaruhi strategi konten.

6.2. Risiko Konten Negatif atau Kontroversial

Konten yang salah arah dapat menimbulkan backlash dan merusak reputasi.

6.3. Kelelahan Kreatif dan Burnout

Membuat konten berkualitas tinggi secara konsisten memerlukan energi dan kreativitas.

7. Tips Praktis Memanfaatkan Algoritma Media Sosial

- Pelajari update algoritma terbaru secara rutin.
- Fokus pada kualitas dan keaslian konten.
- Gunakan data analitik untuk memahami apa yang berhasil.
- Jangan takut bereksperimen dengan format dan tema konten.
- Bangun komunitas dengan interaksi yang tulus dan berkelanjutan.

Kesimpulan Bab

Memahami algoritma media sosial adalah langkah penting untuk meraih kesuksesan dalam pemasaran digital dan pengembangan brand. Algoritma menentukan siapa yang melihat konten Anda dan kapan, sehingga strategi yang tepat dapat meningkatkan peluang konten menjadi viral dan membangun hubungan yang kuat dengan audiens. Dengan pendekatan yang terencana, kreatif, dan berfokus pada audiens, Anda dapat memaksimalkan engagement dan mencapai tujuan media sosial Anda secara efektif.

Bab 24:

Algoritma Hidup. Menerapkan Prinsip Algoritmik untuk Pengembangan Diri dan Kesuksesan

Pendahuluan

Hidup adalah sebuah proses yang kompleks penuh dengan berbagai tantangan dan pilihan. Dalam menghadapi segala dinamika tersebut, memiliki metode sistematis dalam mengambil keputusan dan mengatur kehidupan dapat meningkatkan kualitas hidup serta peluang meraih kesuksesan. Konsep "algoritma hidup" adalah pendekatan untuk mengaplikasikan prinsip-prinsip algoritma, berupa langkah-langkah sistematis dan terstruktur, dalam kehidupan sehari-hari.

Bab ini membahas bagaimana algoritma tidak hanya berlaku di ranah teknologi dan bisnis, tetapi juga dapat diterapkan dalam pengembangan diri, pengambilan keputusan, manajemen waktu, dan pencapaian tujuan. Dengan memahami dan menggunakan algoritma hidup, Anda dapat mengoptimalkan potensi, mengatasi hambatan, serta hidup dengan lebih terarah dan bermakna.

1. Memahami Algoritma Hidup

1.1. Definisi Algoritma Hidup

Algoritma hidup adalah rangkaian langkah atau prosedur yang diterapkan untuk menyelesaikan masalah pribadi, membuat keputusan, atau mencapai tujuan hidup secara sistematis.

1.2. Mengapa Algoritma Hidup Penting?

- Membantu mengatasi kompleksitas hidup.
- Meningkatkan efisiensi dan efektivitas pengambilan keputusan.
- Membentuk kebiasaan positif dan disiplin.
- Mengurangi stres akibat ketidakpastian dan kebingungan.

2. Komponen Dasar Algoritma Hidup

2.1. Input: Menyusun Data dan Informasi

Memahami situasi, mengumpulkan informasi relevan tentang masalah atau tujuan.

2.2. Proses: Analisis dan Perencanaan

Menguraikan masalah, menganalisis alternatif solusi, dan membuat rencana tindakan.

2.3. Output: Eksekusi dan Implementasi

Melaksanakan rencana dengan konsisten dan disiplin.

2.4. Feedback: Evaluasi dan Adaptasi

Memantau hasil, belajar dari pengalaman, dan melakukan penyesuaian.

3. Algoritma Hidup dalam Pengambilan Keputusan

3.1. Identifikasi Masalah

Kenali dengan jelas apa yang perlu dipecahkan atau diputuskan.

3.2. Kumpulkan Informasi

Cari fakta, data, dan perspektif yang relevan.

3.3. Tentukan Kriteria Keputusan

Apa saja faktor yang penting? (misalnya risiko, manfaat, waktu)

3.4. Kembangkan Opsi

Buat beberapa alternatif solusi.

3.5. Evaluasi dan Pilih Solusi Terbaik

Bandingkan opsi berdasarkan kriteria yang telah ditetapkan.

3.6. Implementasi dan Tindak Lanjut

Laksanakan keputusan dan pantau hasilnya.

4. Manajemen Waktu dengan Algoritma Hidup

4.1. Prioritaskan Tugas

Gunakan matriks Eisenhower untuk membedakan antara penting dan mendesak.

4.2. Buat Rencana Harian dan Mingguan

Susun jadwal yang realistis dan fleksibel.

4.3. Gunakan Teknik Pomodoro

Kerjakan tugas fokus dalam waktu tertentu dengan istirahat terjadwal.

4.4. Hindari Multitasking

Fokus pada satu tugas untuk hasil yang lebih optimal.

5. Algoritma Hidup dalam Pengembangan Diri

5.1. Penetapan Tujuan (Goal Setting)

- Buat tujuan SMART (Specific, Measurable, Achievable, Relevant, Time-bound).

- Pecah tujuan besar menjadi langkah kecil yang terukur.

5.2. Pembelajaran Berkelanjutan

Rencanakan jadwal belajar dan evaluasi kemajuan.

5.3. Pengembangan Kebiasaan Positif

Gunakan metode "habit stacking" dan reinforcement positif.

6. Algoritma Hidup dalam Mengelola Stres dan Emosi

6.1. Deteksi Pemicu Stres

Catat situasi yang menyebabkan tekanan.

6.2. Strategi Penanganan

- Teknik relaksasi seperti meditasi atau pernapasan.
- Mengatur ulang prioritas jika perlu.

6.3. Evaluasi Efektivitas

Refleksi dan penyesuaian strategi coping.

7. Studi Kasus Algoritma Hidup yang Berhasil

7.1. Kisah Sukses Profesional

Seorang manajer menggunakan algoritma pengambilan keputusan untuk meningkatkan produktivitas tim dan mencapai target perusahaan.

7.2. Transformasi Pribadi

Individu yang menerapkan algoritma pengelolaan waktu dan kebiasaan sehat berhasil menurunkan stres dan meningkatkan kualitas hidup.

8. Tantangan dalam Menerapkan Algoritma Hidup

- Resistensi terhadap perubahan kebiasaan lama.
- Kesulitan dalam konsistensi pelaksanaan.
- Terlalu kaku dalam mengikuti algoritma tanpa fleksibilitas.
- Menghadapi ketidakpastian yang tidak bisa diprediksi secara algoritmik.

9. Tips Praktis Mengimplementasikan Algoritma Hidup

- Mulailah dengan langkah kecil dan sederhana.
- Gunakan alat bantu seperti aplikasi manajemen tugas.

- Evaluasi dan adaptasi algoritma secara berkala.
- Kombinasikan logika dengan intuisi dan nilai-nilai pribadi.
- Jangan takut gagal, gunakan kegagalan sebagai feedback.

Kesimpulan Bab

Algoritma hidup adalah pendekatan yang powerful untuk mengelola kompleksitas kehidupan modern. Dengan menerapkan prinsip-prinsip algoritmik dalam pengambilan keputusan, manajemen waktu, dan pengembangan diri, Anda dapat meningkatkan efisiensi, konsistensi, dan kualitas hidup secara signifikan. Namun, algoritma hidup bukanlah formula kaku, melainkan panduan dinamis yang perlu disesuaikan dengan konteks dan perubahan dalam kehidupan Anda. Dengan mindset terbuka dan komitmen untuk belajar, algoritma hidup dapat menjadi fondasi kuat untuk meraih kesuksesan dan kebahagiaan.

Bab 25:

Algoritma Konten. Strategi Membuat Konten Berkualitas untuk Meningkatkan Engagement dan Konversi

Pendahuluan

Dalam era digital saat ini, konten menjadi raja yang menggerakkan interaksi, membangun hubungan, dan menghasilkan konversi dalam berbagai platform, mulai dari website, media sosial, hingga email marketing. Namun, tidak semua konten bisa menarik perhatian dan memberikan hasil maksimal. Algoritma konten menjadi alat penting yang membantu pencipta konten memahami pola konsumsi audiens, mengoptimalkan distribusi, dan meningkatkan efektivitas pesan yang disampaikan.

Bab ini akan membahas secara mendalam tentang bagaimana algoritma konten bekerja, cara membuat konten berkualitas yang disukai oleh algoritma dan audiens, serta strategi praktis untuk meningkatkan engagement dan konversi.

1. Memahami Algoritma Konten

1.1. Apa Itu Algoritma Konten?

Algoritma konten adalah rangkaian aturan dan proses otomatis yang menentukan bagaimana sebuah konten disajikan, didistribusikan, dan dipromosikan kepada audiens berdasarkan data interaksi dan preferensi pengguna.

1.2. Fungsi Utama Algoritma Konten

- Menyesuaikan konten dengan preferensi dan kebutuhan audiens.
- Meningkatkan relevansi dan kualitas pengalaman pengguna.
- Memaksimalkan distribusi dan eksposur konten.
- Mendorong engagement dan konversi.

2. Faktor yang Mempengaruhi Algoritma Konten

2.1. Relevansi Konten

Konten harus sesuai dengan minat dan kebutuhan target audiens agar mendapat prioritas lebih tinggi dalam distribusi.

2.2. Kualitas Konten

Kualitas mencakup keaslian, kejelasan, kedalaman informasi, serta nilai tambah yang diberikan.

2.3. Engagement

Interaksi seperti likes, komentar, shares, dan waktu tontonan menjadi indikator konten yang menarik.

2.4. Konsistensi dan Frekuensi

Posting konten secara rutin dan terjadwal membantu membangun loyalitas audiens dan menjaga algoritma tetap "menyukai" konten Anda.

3. Jenis-Jenis Konten yang Efektif Menurut Algoritma

3.1. Konten Edukatif dan Informatif

Membantu audiens memahami topik tertentu dan memberikan solusi atas masalah mereka.

3.2. Konten Hiburan

Menarik perhatian dengan humor, cerita, atau visual yang menarik.

3.3. Konten Inspiratif dan Motivasi

Memberikan dorongan emosional dan semangat.

3.4. Konten Interaktif

Mengajak audiens berpartisipasi, misalnya kuis, polling, atau tantangan.

4. Membuat Konten Berkualitas yang Disukai Algoritma

4.1. Riset Audiens Mendalam

Kenali siapa audiens Anda, apa yang mereka cari, dan bagaimana mereka berinteraksi dengan konten.

4.2. Pemilihan Kata Kunci dan SEO

Optimasi konten untuk mesin pencari agar mudah ditemukan oleh audiens yang tepat.

4.3. Struktur Konten yang Jelas dan Mudah Dipahami

Gunakan heading, paragraf singkat, dan visual pendukung untuk meningkatkan keterbacaan.

4.4. Visualisasi yang Menarik

Gunakan gambar, video, dan infografis untuk meningkatkan daya tarik.

4.5. Call to Action (CTA) yang Efektif

Berikan arahan jelas kepada audiens untuk melakukan tindakan tertentu, seperti mengunjungi website, subscribe, atau membeli produk.

5. Distribusi dan Promosi Konten

5.1. Memilih Platform yang Tepat

Sesuaikan jenis konten dengan platform (Instagram untuk visual, blog untuk tulisan panjang, dll).

5.2. Pemanfaatan Algoritma Platform

Pahami waktu posting terbaik, jenis konten yang disukai platform, dan fitur khusus seperti story, reels, atau live.

5.3. Menggunakan Influencer dan Kolaborasi

Meningkatkan jangkauan dan kredibilitas melalui kerja sama.

6. Analisis dan Evaluasi Konten

6.1. Tools Analytics

Google Analytics, Facebook Insights, YouTube Analytics, dll.

6.2. Metrics Penting

- Page views dan reach
- Engagement rate
- Bounce rate
- Conversion rate

6.3. Menggunakan Data untuk Perbaikan

Evaluasi performa konten dan lakukan penyesuaian strategi secara berkala.

7. Studi Kasus Konten yang Sukses

7.1. Konten Blog Edukatif

Sebuah perusahaan teknologi yang konsisten membuat artikel tutorial meningkatkan trafik hingga 200% dalam 6 bulan.

7.2. Video Viral di YouTube

Konten yang menggabungkan storytelling dan visual menarik mampu menjaring jutaan views dan subscriber.

7.3. Kampanye Media Sosial

Menggunakan hashtag challenge dan konten interaktif berhasil meningkatkan engagement hingga 5x lipat.

8. Tantangan dalam Algoritma Konten

- Perubahan algoritma yang cepat dan tidak terduga.
- Persaingan konten yang sangat ketat.
- Kesulitan menjaga kualitas konsisten.
- Risiko konten yang tidak etis atau misleading.

9. Tips Praktis Membuat Algoritma Konten yang Efektif

- Konsisten belajar dan update tren konten serta algoritma.
- Fokus pada audiens dan nilai yang Anda berikan.
- Gunakan storytelling untuk membuat konten lebih hidup.
- Jangan takut bereksperimen dan kreatif.
- Selalu pantau performa dan adaptasi strategi.

Kesimpulan Bab

Algoritma konten adalah alat yang kuat untuk memperkuat efektivitas pemasaran digital dan komunikasi. Dengan memahami cara kerja algoritma dan menerapkan prinsip pembuatan konten berkualitas, Anda dapat meningkatkan engagement, memperluas jangkauan, dan mencapai tujuan bisnis Anda dengan lebih efektif. Konten yang berhasil adalah konten yang relevan, menarik, dan memberikan nilai bagi audiens, dan algoritma adalah jembatan yang menghubungkan konten tersebut dengan mereka yang tepat.

Bab 26:

Algoritma Pasar dan Konsumen. Memahami Perilaku Konsumen untuk Strategi Pemasaran yang Tepat

Pendahuluan

Dalam dunia bisnis, memahami perilaku konsumen adalah kunci utama untuk merancang strategi pemasaran yang efektif dan mampu memenangkan persaingan. Namun, perilaku konsumen tidaklah statis; ia berubah seiring waktu dipengaruhi oleh banyak faktor eksternal dan internal. Algoritma pasar dan konsumen hadir sebagai alat analitik untuk menangkap pola-pola perilaku tersebut, mengolah data besar (big data), dan menghasilkan wawasan yang dapat digunakan untuk mengambil keputusan bisnis yang tepat.

Bab ini akan mengupas secara mendalam bagaimana algoritma digunakan untuk memetakan perilaku konsumen, segmentasi pasar, personalisasi pemasaran, hingga prediksi tren dan preferensi konsumen. Dengan pendekatan algoritmik, bisnis dapat lebih responsif, efisien, dan strategis dalam menjangkau dan memuaskan kebutuhan konsumen.

1. Memahami Algoritma Pasar dan Konsumen

1.1. Definisi Algoritma Pasar dan Konsumen

Algoritma pasar dan konsumen adalah serangkaian prosedur komputasi yang dirancang untuk menganalisis data konsumen dan pasar guna mengidentifikasi pola, tren, dan segmentasi yang dapat digunakan untuk strategi pemasaran dan pengambilan keputusan.

1.2. Pentingnya Algoritma dalam Pemasaran Modern

- Mengolah data besar dengan cepat dan akurat.
- Memprediksi perilaku dan preferensi konsumen.
- Mengidentifikasi segmen pasar yang potensial.
- Meningkatkan efektivitas dan personalisasi kampanye pemasaran.

2. Sumber Data untuk Algoritma Pasar dan Konsumen

2.1. Data Transaksi

Riwayat pembelian, frekuensi, dan nilai transaksi.

2.2. Data Demografi

Usia, jenis kelamin, lokasi, pendapatan, pendidikan.

2.3. Data Perilaku Online

Aktivitas browsing, interaksi media sosial, klik iklan.

2.4. Data Feedback dan Review

Ulasan produk, survei kepuasan pelanggan.

3. Segmentasi Pasar dengan Algoritma

3.1. Definisi Segmentasi Pasar

Memecah pasar menjadi kelompok-kelompok konsumen yang memiliki karakteristik dan kebutuhan serupa.

3.2. Metode Segmentasi

- **Segmentasi Demografis:** berdasarkan usia, jenis kelamin, pendapatan.
- **Segmentasi Geografis:** berdasarkan lokasi.
- **Segmentasi Psikografis:** berdasarkan gaya hidup, nilai, dan kepribadian.
- **Segmentasi Perilaku:** berdasarkan pola pembelian dan interaksi.

3.3. Algoritma Klastering

Menggunakan teknik seperti K-means clustering untuk mengelompokkan konsumen berdasarkan data yang ada.

4. Prediksi Perilaku Konsumen dengan Algoritma

4.1. Model Prediksi

- **Regresi:** untuk memprediksi nilai kuantitatif, misalnya jumlah pembelian.

- **Klasifikasi:** untuk mengkategorikan konsumen dalam kelompok tertentu.

- **Time Series Analysis:** untuk memprediksi tren pembelian dalam waktu tertentu.

4.2. Machine Learning dan AI

Menggunakan teknik pembelajaran mesin untuk meningkatkan akurasi prediksi perilaku konsumen.

5. Personalisasi Pemasaran Berbasis Algoritma

5.1. Rekomendasi Produk

Sistem rekomendasi seperti pada e-commerce yang menampilkan produk sesuai preferensi konsumen.

5.2. Targeting dan Retargeting

Menyesuaikan iklan dan promosi berdasarkan profil dan aktivitas konsumen.

5.3. Konten Dinamis

Menyajikan konten pemasaran yang berbeda kepada segmen konsumen berbeda secara real-time.

6. Studi Kasus Algoritma Pasar dan Konsumen

6.1. E-Commerce Besar

Menggunakan algoritma rekomendasi untuk meningkatkan penjualan hingga 30%.

6.2. Perusahaan FMCG

Segmentasi pasar yang tepat membantu meningkatkan penetrasi produk di wilayah tertentu.

6.3. Startup Teknologi

Prediksi perilaku konsumen membantu menentukan fitur produk yang paling diminati.

7. Tantangan dan Etika dalam Penggunaan Algoritma Pasar dan Konsumen

7.1. Privasi Data dan Regulasi

Mengelola data konsumen dengan mematuhi hukum dan menjaga kepercayaan pelanggan.

7.2. Risiko Bias Algoritma

Menghindari diskriminasi dan bias yang tidak disengaja dalam pengolahan data.

7.3. Transparansi dan Akuntabilitas

Menjaga transparansi dalam penggunaan algoritma agar dapat dipertanggungjawabkan.

8. Tips Praktis Menggunakan Algoritma Pasar dan Konsumen

- Investasi dalam teknologi dan sumber daya manusia yang kompeten.
- Mulai dengan data yang berkualitas dan relevan.
- Uji dan validasi model algoritma secara berkala.
- Gabungkan analisis algoritmik dengan wawasan bisnis.
- Prioritaskan etika dan privasi data.

Kesimpulan Bab

Algoritma pasar dan konsumen adalah alat strategis yang mengubah cara bisnis memahami dan melayani pelanggan mereka. Dengan memanfaatkan data dan teknologi algoritmik, bisnis dapat lebih tepat sasaran, adaptif, dan inovatif dalam mengembangkan produk dan strategi pemasaran. Namun, penggunaan algoritma juga harus dibarengi dengan kesadaran etika dan kepatuhan terhadap regulasi agar membangun hubungan jangka panjang yang sehat dengan konsumen.

Bab 27:

Algoritma Media Sosial. Cara Membangun Konten Viral dan Meningkatkan Jangkauan Organik

Pendahuluan

Di era digital saat ini, media sosial bukan hanya tempat berbagi momen, tetapi juga platform utama untuk pemasaran, branding, dan komunikasi. Namun, setiap platform media sosial, seperti Instagram, Facebook, TikTok, Twitter, dan LinkedIn, menggunakan algoritma yang kompleks untuk menentukan konten mana yang akan ditampilkan kepada penggunanya. Memahami algoritma ini adalah kunci untuk menciptakan konten viral dan mendapatkan jangkauan organik yang luas tanpa bergantung sepenuhnya pada iklan berbayar.

Bab ini akan membahas bagaimana algoritma media sosial bekerja, strategi praktis untuk menciptakan konten yang disukai algoritma, serta tips meningkatkan interaksi dan keterlibatan dengan audiens. Dengan pemahaman mendalam tentang algoritma media sosial, Anda bisa memaksimalkan potensi konten Anda agar viral dan berpengaruh.

1. Memahami Algoritma Media Sosial

1.1. Apa itu Algoritma Media Sosial?

Algoritma media sosial adalah sistem otomatis yang menentukan urutan dan jenis konten yang muncul di feed pengguna berdasarkan berbagai faktor seperti relevansi, interaksi, waktu, dan preferensi pengguna.

1.2. Tujuan Algoritma

- Meningkatkan pengalaman pengguna dengan menampilkan konten yang paling relevan.
- Mendorong interaksi dan keterlibatan pengguna.
- Memaksimalkan waktu pengguna di platform.

2. Faktor-Faktor yang Mempengaruhi Algoritma Media Sosial

2.1. Interaksi Pengguna

Jumlah likes, komentar, share, dan waktu tonton video menjadi indikator utama algoritma untuk menentukan popularitas konten.

2.2. Relevansi Konten

Algoritma menyesuaikan konten dengan minat dan perilaku pengguna berdasarkan aktivitas sebelumnya.

2.3. Waktu Posting

Posting di waktu yang tepat meningkatkan peluang konten dilihat oleh lebih banyak orang.

2.4. Konsistensi dan Frekuensi Posting

Konten yang rutin diposting cenderung mendapat prioritas karena menandakan aktivitas akun yang aktif.

2.5. Jenis Konten

Beberapa platform lebih memprioritaskan video pendek, story, atau live streaming dibandingkan konten statis.

3. Strategi Membuat Konten Viral di Media Sosial

3.1. Kenali Audiens Anda

Pahami demografi, minat, dan perilaku audiens agar konten yang dibuat relevan dan menarik.

3.2. Gunakan Storytelling yang Emosional

Konten dengan cerita yang menyentuh emosi audiens cenderung lebih mudah dibagikan dan diingat.

3.3. Buat Konten yang Mudah Dibagikan

Konten ringan, lucu, informatif, atau kontroversial sering kali memiliki potensi viral yang lebih tinggi.

3.4. Optimalkan Visual dan Audio

Gunakan gambar dan video berkualitas tinggi serta musik atau suara yang menarik perhatian.

3.5. Manfaatkan Tren dan Hashtag

Ikuti tren yang sedang viral dan gunakan hashtag populer untuk memperluas jangkauan.

4. Meningkatkan Engagement dengan Algoritma Media Sosial

4.1. Interaksi yang Konsisten

Balas komentar dan pesan, serta ajak audiens berdiskusi untuk membangun komunitas yang aktif.

4.2. Gunakan Fitur Interaktif

Polling, kuis, dan fitur tanya jawab membantu meningkatkan partisipasi audiens.

4.3. Kolaborasi dengan Influencer

Menggandeng influencer dapat memperluas jangkauan dan menambah kredibilitas konten Anda.

4.4. Posting Konten Beragam

Variasikan jenis konten, gambar, video, carousel, story, untuk menjaga minat audiens.

5. Algoritma Spesifik pada Platform Populer

5.1. Instagram

- Mengutamakan interaksi seperti likes, komentar, dan save.
- Stories dan Reels punya prioritas tinggi.
- Gunakan hashtag relevan dan geotag.

5.2. Facebook

- Prioritaskan konten dari teman dan keluarga.

- Video live dan video dengan durasi sedang lebih disukai.
- Grup Facebook sebagai tempat membangun komunitas.

5.3. TikTok

- Fokus pada video pendek dengan engagement cepat.
- Gunakan musik trending dan challenge.
- Algoritma sangat responsif terhadap interaksi awal.

5.4. Twitter

- Menonjolkan konten yang sedang tren dan diskusi real-time.
- Gunakan thread untuk cerita panjang dan edukasi.
- Retweet dan reply meningkatkan visibilitas.

5.5. LinkedIn

- Konten profesional, edukatif, dan studi kasus mendapat perhatian.
- Interaksi seperti komentar dan share penting.
- Gunakan posting artikel dan video.

6. Analisis dan Optimasi Konten Media Sosial

6.1. Menggunakan Insights dan Analytics

Pantau metrik seperti reach, engagement, demografi audiens, dan waktu aktif pengguna.

6.2. Eksperimen dengan Waktu dan Jenis Konten

Uji berbagai waktu posting dan format konten untuk menemukan kombinasi optimal.

6.3. Penyesuaian Berdasarkan Feedback

Perbaiki konten berdasarkan komentar dan data performa.

7. Studi Kasus Konten Viral di Media Sosial

7.1. Kampanye Hashtag Challenge TikTok

Brand X berhasil meningkatkan brand awareness hingga 300% dengan challenge yang kreatif dan interaktif.

7.2. Video Storytelling Instagram

Seorang influencer menggunakan cerita personal untuk membangun hubungan emosional dan mendapat ribuan komentar positif.

7.3. Facebook Live Event

Perusahaan Y melakukan live streaming produk baru dan berhasil menjual produk hingga stok habis dalam 1 jam.

8. Tantangan dalam Menghadapi Algoritma Media Sosial

- Perubahan algoritma yang tidak terduga.
- Kompetisi konten yang sangat ketat.
- Risiko konten dianggap spam atau tidak relevan.
- Menghindari clickbait yang merusak reputasi.

9. Tips Praktis Membangun Konten Viral dan Meningkatkan Jangkauan Organik

- Fokus pada kualitas, bukan kuantitas.
- Kenali dan manfaatkan fitur terbaru platform.
- Bangun hubungan autentik dengan audiens.
- Tetap konsisten dan sabar dalam membangun engagement.
- Jangan takut mencoba ide baru dan kreatif.

Kesimpulan Bab

Memahami dan menguasai algoritma media sosial adalah langkah fundamental untuk sukses dalam pemasaran digital dan pengembangan brand. Algoritma bukanlah musuh, melainkan panduan yang dapat membantu Anda menjangkau audiens dengan cara yang paling efektif. Dengan strategi yang tepat, konten Anda tidak hanya akan viral, tetapi juga mampu membangun komunitas yang setia dan berdampak positif bagi bisnis atau personal brand Anda.

Bab 28:

Algoritma Kehidupan. Bagaimana Menggunakan Prinsip Algoritma untuk Mengelola Hidup, Membuat Keputusan, dan Mencapai Tujuan

Pendahuluan

Kehidupan sering kali terasa kompleks, penuh ketidakpastian, dan tantangan yang terus berubah. Dalam menghadapi dinamika tersebut, kita sering mencari cara untuk mengelola hidup dengan lebih terstruktur, membuat keputusan yang tepat, dan mencapai tujuan yang kita inginkan. Dalam konteks ini, prinsip algoritma, yang biasanya terkait dengan dunia teknologi dan komputer, dapat diterapkan secara efektif dalam kehidupan sehari-hari.

Bab ini mengajak Anda untuk memahami bagaimana algoritma kehidupan bekerja, bagaimana menyusun rutinitas, membuat keputusan yang optimal, serta strategi dan tips praktis menggunakan konsep algoritma untuk membangun hidup yang lebih produktif, seimbang, dan bermakna.

1. Apa Itu Algoritma Kehidupan?

1.1. Definisi Algoritma Kehidupan

Algoritma kehidupan adalah pola atau prosedur sistematis yang digunakan untuk mengelola aktivitas, membuat keputusan, dan menyelesaikan masalah dalam kehidupan sehari-hari, berdasarkan prinsip logika, efisiensi, dan optimasi.

1.2. Mengapa Menggunakan Algoritma dalam

Kehidupan?

- Membantu mengurangi ketidakpastian.
- Menyederhanakan proses pengambilan keputusan.
- Meningkatkan produktivitas dan efektivitas.
- Membantu mencapai tujuan secara sistematis.

2. Prinsip Dasar Algoritma Kehidupan

2.1. Definisikan Tujuan dengan Jelas

Sama seperti algoritma komputer, Anda perlu menetapkan output atau hasil yang ingin dicapai.

2.2. Pecah Masalah Menjadi Langkah Kecil

Membagi tugas besar menjadi bagian yang lebih kecil agar mudah dikelola.

2.3. Tentukan Kondisi dan Aturan

Menetapkan kriteria dan aturan yang harus diikuti dalam setiap langkah.

2.4. Evaluasi dan Perbaiki

Melakukan refleksi secara berkala dan menyesuaikan proses sesuai hasil yang didapat.

3. Algoritma Pengambilan Keputusan dalam Kehidupan

3.1. Mengumpulkan Informasi

Seperti input dalam algoritma, kumpulkan data yang relevan sebelum membuat keputusan.

3.2. Analisis Pilihan

Evaluasi berbagai opsi dengan kelebihan dan kekurangannya.

3.3. Prioritas dan Kriteria

Tentukan faktor-faktor apa yang paling penting bagi Anda.

3.4. Buat Keputusan dan Implementasi

Pilih opsi terbaik berdasarkan analisis dan segera jalankan.

3.5. Tinjau dan Evaluasi

Apakah keputusan yang diambil menghasilkan hasil yang diinginkan? Jika tidak, ulangi proses dengan penyesuaian.

4. Algoritma Manajemen Waktu dan Produktivitas

4.1. Prioritaskan Tugas (Metode Eisenhower Matrix)

Pisahkan tugas berdasarkan urgensi dan pentingnya.

4.2. Gunakan Teknik Pomodoro

Bekerja dalam sesi waktu terfokus dengan istirahat terjadwal.

4.3. Otomatisasi dan Delegasi

Identifikasi tugas yang bisa diotomatisasi atau diserahkan ke orang lain.

4.4. Rutinitas Harian yang Konsisten

Membangun kebiasaan positif dengan pola harian yang terstruktur.

5. Algoritma untuk Pengembangan Diri dan Kebiasaan Positif

5.1. Setting Goals SMART

Spesifik, Measurable (terukur), Achievable (tercapai), Relevant (relevan), Time-bound (terikat waktu).

5.2. Habit Stacking

Menambahkan kebiasaan baru ke rutinitas yang sudah ada.

5.3. Tracking dan Reward System

Pantau kemajuan dan beri penghargaan pada diri sendiri.

5.4. Overcoming Obstacles

Identifikasi dan atasi hambatan dengan solusi sistematis.

6. Algoritma Mengelola Stres dan Emosi

6.1. Deteksi Pemicu Stres

Kenali situasi yang menyebabkan stres atau emosi negatif.

6.2. Proses Respon Emosional

Gunakan teknik seperti mindfulness, pernapasan, atau journaling.

6.3. Tindakan Preventif

Rencanakan aktivitas yang dapat mencegah stres, seperti olahraga dan istirahat.

6.4. Evaluasi Kesehatan Mental

Lakukan refleksi dan bila perlu cari bantuan profesional.

7. Studi Kasus Penerapan Algoritma Kehidupan

7.1. Menyusun Rutinitas Harian Seorang Profesional

Bagaimana seorang profesional mengatur waktu antara pekerjaan, keluarga, dan waktu pribadi dengan algoritma kehidupan.

7.2. Pengambilan Keputusan Karir

Studi kasus seorang karyawan yang memilih jalur karir baru berdasarkan analisis algoritmik.

7.3. Membangun Kebiasaan Sehat

Proses bertahap seseorang mengubah gaya hidup melalui algoritma kebiasaan positif.

8. Tantangan dan Solusi dalam Menggunakan Algoritma Kehidupan

- Adaptasi dengan perubahan situasi.
- Menghindari over-planning yang membuat stres.

- Fleksibilitas dalam menjalankan algoritma.
- Mengelola ketidaksempurnaan dalam hidup.

9. Tips Praktis Menerapkan Algoritma Kehidupan

- Mulailah dengan langkah kecil dan sederhana.
- Gunakan alat bantu seperti aplikasi manajemen tugas.
- Konsisten dan disiplin, tapi juga beri ruang untuk fleksibilitas.
- Evaluasi rutin dan jangan takut mengubah strategi.
- Jadikan algoritma kehidupan sebagai alat bantu, bukan aturan kaku.

Kesimpulan Bab

Algoritma kehidupan adalah cara berpikir dan bertindak yang sistematis dan logis untuk mengelola tantangan hidup sehari-hari. Dengan menggunakan prinsip-prinsip algoritma, Anda dapat membuat keputusan yang lebih tepat, mengelola waktu dan energi secara optimal, serta membangun kebiasaan positif yang berkelanjutan. Meskipun hidup penuh ketidakpastian, pendekatan algoritmik dapat menjadi panduan yang membantu Anda mencapai tujuan dengan lebih efektif dan bermakna.

Bab 29:

Strategi Pengembangan Algoritma Konten untuk Meningkatkan Engagement dan Loyalitas Audiens

Pendahuluan

Di era digital yang penuh dengan konten berlimpah, menarik perhatian audiens dan membangun hubungan jangka panjang dengan mereka adalah tantangan utama. Algoritma konten tidak hanya berfungsi untuk menampilkan konten yang relevan, tetapi juga dapat dirancang secara strategis untuk meningkatkan engagement (keterlibatan) dan loyalitas audiens.

Dalam bab ini, kita akan membahas bagaimana mengembangkan algoritma konten yang efektif untuk memaksimalkan interaksi pengguna, meningkatkan retensi, serta membangun komunitas yang kuat dan setia. Anda akan mempelajari teori di balik algoritma konten, strategi praktis pengembangan, serta contoh kasus yang berhasil mengimplementasikan algoritma ini.

1. Memahami Algoritma Konten dan Engagement

1.1. Apa Itu Algoritma Konten?

Algoritma konten adalah sistem yang mengatur distribusi dan penyajian konten berdasarkan perilaku dan preferensi pengguna agar konten yang muncul terasa relevan dan menarik.

1.2. Mengapa Engagement Penting?

Engagement adalah indikator seberapa aktif audiens berinteraksi dengan konten. Tingkat engagement yang tinggi menunjukkan konten Anda berhasil membangun koneksi emosional dan minat yang kuat, yang kemudian mendorong loyalitas.

2. Komponen Utama Algoritma Konten yang Efektif

2.1. Personalisasi

Menggunakan data pengguna untuk menyesuaikan konten agar sesuai dengan kebutuhan dan preferensi individu.

2.2. Relevansi Kontekstual

Mempertimbangkan konteks seperti waktu, lokasi, dan situasi pengguna untuk menampilkan konten yang tepat.

2.3. Dinamika Interaksi

Memperhatikan seberapa sering dan intens audiens berinteraksi untuk mengatur frekuensi dan jenis konten yang ditampilkan.

2.4. Keberagaman Konten

Menyajikan berbagai tipe konten untuk menjaga minat dan menghindari kejenuhan.

3. Strategi Pengembangan Algoritma Konten untuk Engagement

3.1. Data-Driven Content Creation

Menganalisis data audiens untuk menciptakan konten yang benar-benar dibutuhkan dan diminati.

3.2. Feedback Loop

Membangun sistem yang memungkinkan pengguna memberikan feedback langsung untuk meningkatkan kualitas konten secara berkelanjutan.

3.3. Adaptive Learning

Algoritma yang terus belajar dan menyesuaikan diri berdasarkan perubahan perilaku pengguna.

3.4. Gamification

Mengintegrasikan elemen permainan untuk meningkatkan partisipasi dan interaksi.

4. Teknik Personalisasi yang Efektif

4.1. Segmentasi Audiens

Membagi audiens ke dalam kelompok berdasarkan karakteristik dan perilaku untuk penyesuaian konten.

4.2. Sistem Rekomendasi

Menggunakan collaborative filtering dan content-based filtering untuk memberikan rekomendasi konten yang relevan.

4.3. Prediksi Preferensi

Menggunakan machine learning untuk memprediksi konten yang mungkin disukai pengguna.

5. Membangun Loyalitas melalui Algoritma Konten

5.1. Konsistensi dalam Penyajian Konten

Menjaga kualitas dan jadwal posting agar audiens merasa dihargai dan tahu kapan menunggu konten baru.

5.2. Membangun Komunitas

Menggunakan algoritma untuk menghubungkan pengguna dengan minat yang sama, membangun interaksi antar anggota.

5.3. Reward System

Memberikan penghargaan atau pengakuan kepada pengguna aktif sebagai insentif untuk tetap terlibat.

5.4. Storytelling dan Emotional Connection

Menggunakan konten yang mampu menyentuh sisi emosional audiens untuk membangun hubungan yang lebih dalam.

6. Studi Kasus Implementasi Algoritma Konten

6.1. Platform Video Streaming

Bagaimana algoritma rekomendasi meningkatkan durasi tonton dan retensi pengguna.

6.2. Aplikasi Berita

Menggunakan personalisasi untuk menyajikan berita yang relevan dan meningkatkan loyalitas pembaca.

6.3. Media Sosial Niche

Membangun komunitas dan engagement melalui algoritma yang mengutamakan konten interaktif.

7. Tantangan dalam Pengembangan Algoritma Konten

- Menghindari filter bubble yang membuat pengguna hanya melihat konten yang sama.
- Menjaga keseimbangan antara personalisasi dan privasi.
- Mencegah manipulasi algoritma oleh oknum tertentu.
- Memastikan algoritma tetap adil dan tidak bias.

8. Tips Praktis Membuat Algoritma Konten yang Efektif

- Mulailah dengan data yang valid dan relevan.
- Gunakan A/B testing untuk menguji berbagai pendekatan.
- Jangan lupa melibatkan tim kreatif dan teknis secara bersamaan.
- Pantau dan evaluasi performa algoritma secara berkala.
- Terapkan transparansi dalam penggunaan data pengguna.

Kesimpulan Bab

Strategi pengembangan algoritma konten yang baik adalah kombinasi antara teknologi canggih dan pemahaman mendalam tentang audiens. Dengan algoritma yang tepat, Anda tidak hanya dapat meningkatkan engagement tetapi juga membangun loyalitas yang langgeng. Hal ini sangat penting dalam menjaga keberlangsungan dan pertumbuhan sebuah platform atau bisnis di dunia digital yang sangat kompetitif.

Bab 30:

Algoritma Pasar dan Konsumen. Cara Memahami dan Memprediksi Perilaku Konsumen untuk Meningkatkan Penjualan dan Kepuasan Pelanggan

Pendahuluan

Dalam dunia bisnis dan pemasaran modern, memahami perilaku konsumen bukan sekadar mengandalkan intuisi atau pengalaman semata. Dengan kemajuan teknologi dan data analytics, algoritma pasar kini menjadi alat penting untuk mengumpulkan, menganalisis, dan memprediksi perilaku konsumen dengan akurasi yang tinggi. Bab ini akan membahas bagaimana algoritma pasar dapat digunakan untuk meningkatkan penjualan, mengoptimalkan strategi pemasaran, dan meningkatkan kepuasan pelanggan secara efektif.

1. Pengertian Algoritma Pasar dan Konsumen

1.1. Apa Itu Algoritma Pasar?

Algoritma pasar adalah sistem komputasi yang dirancang untuk menganalisis data pasar, tren, dan perilaku konsumen guna membuat prediksi atau keputusan yang dapat meningkatkan kinerja bisnis.

1.2. Mengapa Algoritma Pasar Penting?

- Menyediakan wawasan berbasis data untuk pengambilan keputusan.
- Memprediksi tren pasar dan preferensi konsumen.
- Mengoptimalkan strategi pemasaran dan penjualan.

- Meningkatkan efisiensi dalam pengelolaan sumber daya.

2. Data sebagai Fondasi Algoritma Pasar

2.1. Jenis Data Konsumen

- Data demografis (umur, jenis kelamin, lokasi).
- Data perilaku (riwayat pembelian, interaksi dengan produk).
- Data psikografis (minat, gaya hidup).
- Data kontekstual (waktu pembelian, kondisi ekonomi).

2.2. Pengumpulan Data

Menggunakan survei, transaksi digital, media sosial, dan IoT untuk mengumpulkan data secara real-time.

2.3. Etika dan Privasi Data

Pentingnya menjaga keamanan dan privasi data konsumen dalam pengumpulan dan analisis.

3. Model Algoritma Pasar untuk Memahami Konsumen

3.1. Segmentasi Pasar

Mengelompokkan konsumen berdasarkan karakteristik untuk menargetkan pemasaran secara efektif.

3.2. Analisis RFM (Recency, Frequency, Monetary)

Menilai nilai pelanggan berdasarkan waktu pembelian terakhir, frekuensi pembelian, dan jumlah uang yang dihabiskan.

3.3. Prediksi Perilaku Konsumen

Menggunakan machine learning untuk memprediksi keputusan pembelian, churn, atau loyalitas.

3.4. Analisis Sentimen

Menganalisis opini konsumen melalui media sosial dan ulasan untuk mengukur kepuasan dan persepsi merek.

4. Algoritma untuk Personalisasi dan Rekomendasi Produk

4.1. Collaborative Filtering

Merekomendasikan produk berdasarkan perilaku pengguna lain yang mirip.

4.2. Content-Based Filtering

Menggunakan karakteristik produk yang pernah dibeli atau disukai untuk merekomendasikan produk serupa.

4.3. Hybrid Recommendation Systems

Menggabungkan beberapa metode untuk meningkatkan akurasi rekomendasi.

5. Meningkatkan Penjualan dengan Algoritma Pasar

5.1. Optimasi Harga Dinamis

Mengatur harga produk secara real-time berdasarkan permintaan dan kondisi pasar.

5.2. Penargetan Iklan yang Tepat

Menggunakan data dan algoritma untuk menampilkan iklan kepada audiens yang paling potensial.

5.3. Manajemen Persediaan

Memastikan ketersediaan produk sesuai permintaan dengan bantuan prediksi algoritmik.

5.4. Kampanye Pemasaran Terarah

Mengatur kampanye dengan konten dan tawaran yang sesuai dengan segmentasi pasar.

6. Meningkatkan Kepuasan Pelanggan melalui Algoritma

6.1. Customer Journey Mapping

Melacak interaksi pelanggan dengan produk dan layanan untuk mengidentifikasi titik sentuh yang perlu diperbaiki.

6.2. Chatbot dan Customer Support AI

Memberikan layanan responsif dan personal melalui sistem otomatis.

6.3. Analisis Feedback dan Ulasan

Menggunakan algoritma untuk mengidentifikasi masalah dan peluang perbaikan.

6.4. Program Loyalitas Berbasis Data

Mendesain program reward yang sesuai dengan preferensi dan perilaku pelanggan.

7. Studi Kasus Implementasi Algoritma Pasar dan Konsumen

7.1. E-Commerce

Bagaimana platform besar menggunakan algoritma untuk meningkatkan konversi dan kepuasan pelanggan.

7.2. Ritel Fisik dan Omnichannel

Integrasi data online dan offline untuk pengalaman pelanggan yang mulus.

7.3. Perusahaan Jasa

Penggunaan algoritma dalam memprediksi kebutuhan dan meningkatkan retensi pelanggan.

8. Tantangan dalam Penggunaan Algoritma Pasar

- Kualitas data yang tidak konsisten atau tidak lengkap.
- Resistensi terhadap perubahan dalam organisasi.

- Ketergantungan berlebihan pada data yang bisa berubah sewaktu-waktu.
- Etika dalam penggunaan data dan transparansi.

9. Tips Praktis Mengimplementasikan Algoritma Pasar

- Mulai dengan data yang sudah tersedia dan tingkatkan secara bertahap.
- Libatkan tim lintas fungsi untuk pemahaman yang menyeluruh.
- Uji coba algoritma dalam skala kecil sebelum implementasi penuh.
- Perhatikan regulasi dan etika data.
- Selalu evaluasi dan perbaiki model berdasarkan feedback dan hasil nyata.

Kesimpulan Bab

Algoritma pasar dan konsumen adalah alat yang sangat powerful untuk memahami dan merespons perilaku pelanggan secara tepat dan efisien. Dengan memanfaatkan data dan teknologi yang ada, bisnis dapat meningkatkan penjualan, memperbaiki layanan, dan membangun hubungan yang lebih kuat dengan pelanggan. Namun, keberhasilan penggunaan algoritma ini bergantung pada kualitas data, pemahaman yang mendalam, serta implementasi yang etis dan adaptif.

Bab 31:

Algoritma Media Sosial untuk Viralitas. Strategi, Teknik, dan Analisis untuk Membuat Konten Viral di Platform Sosial

Pendahuluan

Di era digital, media sosial telah menjadi pusat perhatian utama dalam berkomunikasi, berbisnis, dan berbagi informasi. Namun, membuat konten yang viral bukanlah perkara kebetulan semata, melainkan hasil dari pemahaman yang mendalam tentang cara kerja algoritma media sosial dan penerapan strategi yang tepat. Bab ini membahas bagaimana algoritma media sosial bekerja, bagaimana Anda bisa memanfaatkan algoritma tersebut untuk membuat konten yang viral, serta teknik dan analisis yang dapat meningkatkan peluang viralitas.

1. Memahami Algoritma Media Sosial

1.1 Apa Itu Algoritma Media Sosial?

Algoritma media sosial adalah sistem yang menentukan konten mana yang ditampilkan kepada pengguna berdasarkan berbagai faktor seperti interaksi, relevansi, waktu posting, dan perilaku pengguna.

1.2 Tujuan Algoritma

- Menyajikan konten yang paling relevan dan menarik bagi setiap pengguna.

- Meningkatkan waktu keterlibatan di platform.
- Memaksimalkan pengalaman pengguna agar kembali lagi.

2. Faktor-faktor Penentu Viralitas di Media Sosial

2.1 Engagement Rate

Tingkat keterlibatan (likes, komentar, share) adalah indikator utama bagi algoritma dalam menilai kualitas konten.

2.2 Waktu Posting

Menyesuaikan waktu posting dengan jam aktif audiens dapat meningkatkan jangkauan.

2.3 Konsistensi Konten

Posting secara konsisten menjaga perhatian dan loyalitas audiens.

2.4 Jenis Konten

Format konten seperti video, gambar, atau teks memiliki daya tarik yang berbeda-beda pada platform tertentu.

3. Strategi Membuat Konten Viral

3.1 Memahami Target Audiens

Mengidentifikasi demografi, minat, dan kebutuhan audiens agar konten tepat sasaran.

3.2 Storytelling yang Kuat

Konten yang menceritakan kisah yang emosional atau inspiratif cenderung lebih mudah viral.

3.3 Memanfaatkan Trend dan Hashtag

Mengikuti tren dan menggunakan hashtag populer untuk meningkatkan visibilitas.

3.4 Interaksi dan Respons Cepat

Menanggapi komentar dan pesan untuk membangun komunitas dan meningkatkan engagement.

4. Teknik Optimalisasi Algoritma untuk Viralitas

4.1 Gunakan Video dan Live Streaming

Video dan siaran langsung sering kali mendapatkan prioritas dalam algoritma.

4.2 Call to Action (CTA) yang Efektif

Mengajak audiens untuk berinteraksi, seperti mengajak komentar, share, atau mengikuti akun.

4.3 Konten yang Mengundang Diskusi

Membuat konten yang memicu opini dan diskusi dapat meningkatkan interaksi.

4.4 Kolaborasi dengan Influencer

Menggunakan pengaruh influencer untuk memperluas jangkauan.

5. Analisis dan Evaluasi Performa Konten

5.1 Menggunakan Analytics Platform

Memanfaatkan fitur analytics dari platform media sosial untuk mengukur performa konten.

5.2 Mengidentifikasi Konten Berkinerja Tinggi

Menganalisis jenis konten yang mendapatkan engagement tertinggi.

5.3 Melacak Growth Audiens

Memantau pertumbuhan jumlah followers dan interaksi selama waktu tertentu.

5.4 Pivot Strategi Berdasarkan Data

Menyesuaikan strategi konten berdasarkan data analisis untuk hasil yang lebih optimal.

6. Studi Kasus Konten Viral di Berbagai Platform

6.1 Viral di Instagram

Penggunaan Reels dan Stories untuk meningkatkan engagement.

6.2 Viral di TikTok

Tren musik, tantangan, dan algoritma For You Page (FYP).

6.3 Viral di Twitter

Memanfaatkan thread, hashtag, dan moment untuk viralitas.

6.4 Viral di YouTube

Video berkualitas tinggi dan SEO YouTube untuk pertumbuhan organik.

7. Tantangan dan Risiko Viralitas

- Konten kontroversial yang dapat menimbulkan backlash.
- Overexposure yang membuat audiens bosan.
- Ketergantungan pada algoritma yang sering berubah.
- Menjaga kredibilitas dan etika dalam mengejar viralitas.

8. Tips Praktis untuk Konsistensi Viralitas

- Rencanakan kalender konten dengan topik yang beragam.
- Terus belajar dan adaptasi dengan update algoritma terbaru.
- Fokus pada kualitas konten, bukan hanya kuantitas.
- Jalin hubungan dengan komunitas dan audiens.
- Gunakan alat bantu untuk menjadwalkan dan menganalisis konten.

Kesimpulan Bab

Membuat konten viral di media sosial bukan sekadar keberuntungan, melainkan perpaduan antara strategi cerdas, pemahaman algoritma, dan eksekusi yang konsisten. Dengan memanfaatkan faktor-faktor penentu viralitas dan terus menganalisis performa konten, Anda dapat meningkatkan peluang untuk menjadi viral dan membangun audiens yang kuat dan loyal.

Bab 32: Algoritma Hidup. Prinsip-Prinsip, Strategi, dan Cara Menggunakan Algoritma dalam Pengambilan Keputusan Sehari-hari untuk Hidup yang Lebih Optimal

Pendahuluan

Konsep algoritma tidak hanya berlaku dalam dunia teknologi atau bisnis, tetapi juga bisa diterapkan dalam kehidupan sehari-hari untuk membantu kita membuat keputusan yang lebih baik dan hidup yang lebih terstruktur. Algoritma hidup adalah cara berpikir sistematis yang memungkinkan kita mengurai masalah kompleks menjadi langkah-langkah yang jelas dan mudah diikuti.

Di bab ini, kita akan menggali bagaimana prinsip-prinsip algoritma dapat diterapkan dalam berbagai aspek kehidupan, mulai dari manajemen waktu, pengambilan keputusan penting, pengelolaan emosi, hingga pengembangan diri, dengan tujuan menciptakan kehidupan yang lebih optimal dan bermakna.

1. Memahami Algoritma Hidup

1.1 Apa Itu Algoritma Hidup?

Algoritma hidup adalah serangkaian langkah atau prosedur yang dirancang untuk membantu seseorang mengambil keputusan atau menyelesaikan masalah dalam kehidupan sehari-hari secara sistematis dan efisien.

1.2 Manfaat Menggunakan Algoritma Hidup

- Mengurangi kebingungan dan stres dalam pengambilan keputusan.
- Meningkatkan efisiensi dan produktivitas.
- Mengoptimalkan sumber daya seperti waktu dan energi.
- Membantu mencapai tujuan hidup secara lebih terarah.

2. Prinsip-Prinsip Dasar Algoritma Hidup

2.1 Decomposing Problems (Mengurai Masalah)

Memecah masalah besar menjadi bagian-bagian kecil yang lebih mudah diatasi.

2.2 Decision Trees (Pohon Keputusan)

Menggunakan model bercabang untuk menilai berbagai kemungkinan dan konsekuensi dari setiap pilihan.

2.3 Feedback Loops (Umpan Balik)

Terus menerus mengevaluasi hasil keputusan dan menyesuaikan strategi bila perlu.

2.4 Prioritization (Prioritas)

Menentukan apa yang paling penting untuk dilakukan terlebih dahulu agar hasil optimal tercapai.

3. Algoritma Hidup dalam Pengelolaan Waktu

3.1 Membuat Jadwal dengan Metode Algoritmik

Membagi hari menjadi blok waktu berdasarkan prioritas dan urgensi tugas.

3.2 Teknik Pomodoro sebagai Sub-Algoritma

Menggunakan interval kerja fokus dan istirahat yang terstruktur.

3.3 Menghindari Prokrastinasi dengan Algoritma Pengingat dan Penghargaan

Menetapkan pengingat otomatis dan memberi reward setelah menyelesaikan tugas.

4. Algoritma Pengambilan Keputusan

4.1 Langkah-Langkah Pengambilan Keputusan Algoritmik

- Identifikasi masalah.
- Kumpulkan informasi.
- Buat alternatif solusi.
- Evaluasi alternatif.
- Pilih dan implementasikan solusi.
- Evaluasi hasil dan lakukan perbaikan.

4.2 Decision Matrix (Matriks Keputusan)

Menggunakan tabel untuk menilai berbagai pilihan berdasarkan kriteria tertentu.

4.3 Contoh Kasus: Memilih Karir

Menjabarkan langkah-langkah sistematis untuk memilih jalur karir terbaik berdasarkan nilai, minat, dan peluang.

5. Algoritma Mengelola Emosi dan Stres

5.1 Algoritma Self-Regulation

Langkah sistematis untuk mengenali, menerima, dan mengelola emosi negatif.

5.2 Teknik Mindfulness sebagai Algoritma Praktis

Menggunakan latihan kesadaran untuk memusatkan perhatian dan mengurangi kecemasan.

5.3 Langkah-Langkah Menghadapi Konflik

Menyusun prosedur untuk menyelesaikan konflik secara rasional dan efektif.

6. Algoritma Pengembangan Diri dan Kebiasaan Positif

6.1 Membentuk Kebiasaan dengan Algoritma Cue-Routine-Reward

Mengidentifikasi pemicu, tindakan, dan hadiah untuk membangun kebiasaan baru.

6.2 Goal Setting dengan SMART Criteria

Membuat tujuan yang Specific, Measurable, Achievable, Relevant, dan Time-bound.

6.3 Sistem Evaluasi Diri Berkala

Menetapkan jadwal review untuk mengevaluasi kemajuan dan membuat penyesuaian.

7. Contoh Algoritma Hidup: Menyusun Rencana Mingguan

Langkah demi langkah untuk membuat rencana mingguan yang seimbang, melibatkan pekerjaan, relaksasi, olahraga, dan waktu bersama keluarga.

8. Studi Kasus: Menggunakan Algoritma Hidup untuk Memecahkan Masalah Kompleks

Analisis bagaimana seseorang dapat menggunakan algoritma hidup untuk mengatasi kebingungan dalam memilih antara dua peluang besar.

9. Tantangan dalam Menerapkan Algoritma Hidup

- Fleksibilitas vs. rigiditas: Menjaga keseimbangan antara mengikuti prosedur dan beradaptasi dengan keadaan.

- Ketidaktahuan terhadap variabel yang tidak bisa diprediksi.

- Kecenderungan overthinking jika terlalu terfokus pada algoritma.

10. Tips Praktis Menerapkan Algoritma Hidup

- Mulailah dengan masalah kecil untuk melatih pola pikir algoritmik.

- Gunakan jurnal atau aplikasi untuk mencatat langkah dan hasil.

- Jangan takut untuk mengubah algoritma jika ternyata kurang efektif.

- Libatkan orang terdekat untuk membantu evaluasi dan memberi feedback.

- Berikan reward untuk diri sendiri ketika berhasil mengikuti algoritma hidup.

Kesimpulan Bab

Algoritma hidup merupakan alat yang powerful untuk membantu kita menjalani kehidupan dengan lebih terstruktur, efisien, dan bermakna. Dengan memanfaatkan prinsip-prinsip dan strategi algoritma dalam berbagai aspek kehidupan—dari pengelolaan waktu, pengambilan keputusan, pengelolaan emosi, hingga pengembangan diri—kita dapat mengoptimalkan potensi dan mencapai tujuan dengan lebih baik. Seperti halnya algoritma dalam teknologi, fleksibilitas dan evaluasi berkelanjutan menjadi kunci agar algoritma hidup tetap relevan dan efektif.

Bab 33:

Strategi Algoritma untuk Meningkatkan Efektivitas Konten Viral di Media Sosial. Pendekatan Analitik dan Praktis

Pendahuluan

Membuat konten viral bukan hanya soal keberuntungan atau kreativitas semata, melainkan juga tentang pemahaman mendalam terhadap algoritma media sosial dan bagaimana memanfaatkan data untuk meningkatkan jangkauan serta interaksi konten secara signifikan. Bab ini akan membahas berbagai strategi berbasis algoritma yang dapat diterapkan untuk memperkuat efektivitas konten viral di berbagai platform media sosial populer.

1. Memahami Algoritma Media Sosial Secara Mendalam

1.1 Evolusi Algoritma

Algoritma media sosial terus berevolusi, bergerak dari urutan kronologis menjadi sistem berbasis kecerdasan buatan yang menyesuaikan konten berdasarkan perilaku pengguna.

1.2 Komponen Utama Algoritma

- **Engagement:** Interaksi langsung pengguna seperti like, komentar, dan share.

- **Relevance:** Seberapa relevan konten dengan minat pengguna.
- **Timeliness:** Konten yang baru diposting lebih diutamakan.
- **Relationships:** Konten dari pengguna yang sering berinteraksi dengan kita lebih ditonjolkan.

2. Analisis Data untuk Meningkatkan Viralitas Konten

2.1 Pengumpulan Data

Mengumpulkan data performa konten secara sistematis dari berbagai metrik seperti reach, engagement rate, watch time, dan lainnya.

2.2 Data Mining dan Segmentasi

Menggunakan teknik data mining untuk mengidentifikasi pola perilaku audiens dan segmentasi berdasarkan preferensi serta demografi.

2.3 Predictive Analytics

Menggunakan machine learning untuk memprediksi jenis konten yang berpotensi viral berdasarkan data historis.

3. Strategi Konten Berbasis Algoritma

3.1 Penjadwalan Optimal

Menentukan waktu posting yang paling efektif dengan bantuan analisis waktu aktif audiens.

3.2 Konten yang Memicu Emosi

Konten yang membangkitkan emosi positif atau negatif cenderung mendapatkan engagement lebih tinggi.

3.3 Penggunaan Hashtag yang Tepat

Memanfaatkan hashtag relevan dan trending untuk memperluas jangkauan.

3.4 Variasi Format Konten

Menggabungkan video, gambar, teks, dan stories untuk menjaga minat audiens.

4. Personalisasi Konten untuk Audiens yang Berbeda

4.1 Segmentasi Audiens

Menyusun konten yang spesifik untuk tiap segmen audiens guna meningkatkan relevansi dan engagement.

4.2 Automasi Personalisasi

Menggunakan algoritma untuk menyesuaikan konten secara otomatis berdasarkan perilaku pengguna.

5. Optimasi Interaksi untuk Algoritma

5.1 Call-to-Action (CTA) yang Efektif

Membuat CTA yang jelas dan menarik untuk mendorong interaksi.

5.2 Engagement melalui Komunitas

Membangun dan memelihara komunitas yang aktif dan loyal.

5.3 Kolaborasi dengan Influencer dan Pengguna

Menggunakan jaringan influencer untuk mempercepat penyebaran konten.

6. Monitoring dan Evaluasi Konten Viral

6.1 Penggunaan Tools Analytics

Memanfaatkan tools analytics resmi dan pihak ketiga untuk memonitor performa.

6.2 Key Performance Indicators (KPIs)

Menetapkan KPI yang jelas seperti growth rate, engagement rate, dan conversion rate.

6.3 Feedback Loop

Menerapkan mekanisme feedback untuk perbaikan konten secara berkelanjutan.

7. Studi Kasus Implementasi Strategi Algoritma

Analisis beberapa kasus nyata dari brand dan kreator yang berhasil memanfaatkan algoritma untuk konten viral mereka.

8. Tantangan dan Solusi dalam Strategi Algoritma

- Menghadapi perubahan algoritma secara tiba-tiba.
- Mengelola konten negatif dan krisis reputasi.
- Menjaga keseimbangan antara optimasi algoritma dan kreativitas.

9. Tips Praktis untuk Meningkatkan Viralitas Konten

- Konsistensi adalah kunci.
- Jangan takut bereksperimen dengan format dan ide baru.
- Gunakan data sebagai dasar pengambilan keputusan.
- Bangun hubungan jangka panjang dengan audiens.

Kesimpulan Bab

Strategi berbasis algoritma memberikan pendekatan yang terstruktur dan berbasis data untuk meningkatkan efektivitas konten viral di media sosial. Dengan pemahaman yang tepat terhadap algoritma dan penerapan teknik analitik, kreator dan brand dapat memaksimalkan potensi viralitas konten mereka, meningkatkan engagement, serta membangun komunitas yang solid dan loyal. Di dunia yang terus berubah, fleksibilitas dan adaptasi menjadi kunci keberhasilan jangka panjang.

Bab 34:

Algoritma Pasar dan Konsumen. Cara Memahami dan Menggunakan Data untuk Mengoptimalkan Strategi Pemasaran dan Penjualan

Pendahuluan

Dalam dunia bisnis yang kompetitif, memahami perilaku pasar dan konsumen menjadi kunci utama untuk memenangkan persaingan. Algoritma pasar dan konsumen hadir sebagai solusi berbasis data untuk menganalisis pola pembelian, preferensi konsumen, serta tren pasar secara real-time. Dengan memanfaatkan algoritma ini, bisnis dapat mengoptimalkan strategi pemasaran, meningkatkan penjualan, dan memaksimalkan pengalaman pelanggan.

Bab ini akan membahas secara mendalam bagaimana algoritma pasar dan konsumen bekerja, jenis-jenis data yang digunakan, serta teknik-teknik praktis untuk mengaplikasikan algoritma tersebut demi mencapai keunggulan kompetitif di pasar.

1. Memahami Algoritma Pasar dan Konsumen

1.1 Definisi Algoritma Pasar dan Konsumen

Algoritma pasar dan konsumen adalah serangkaian proses komputasi yang menganalisis data perilaku konsumen dan dinamika pasar untuk membuat prediksi dan rekomendasi yang membantu dalam pengambilan keputusan bisnis.

1.2 Tujuan Penggunaan Algoritma

- Mengidentifikasi pola perilaku konsumen.
- Memprediksi tren pasar dan permintaan produk.
- Mengoptimalkan kampanye pemasaran dan strategi penjualan.
- Meningkatkan pengalaman pelanggan melalui personalisasi.

2. Sumber Data dalam Algoritma Pasar dan Konsumen

2.1 Data Transaksi

Rekam jejak pembelian konsumen yang mencakup produk yang dibeli, frekuensi, waktu, dan jumlah pembelian.

2.2 Data Demografis

Informasi mengenai usia, jenis kelamin, lokasi, pendapatan, dan faktor sosial ekonomi lainnya.

2.3 Data Perilaku Online

Data dari aktivitas browsing, klik, waktu kunjungan, dan interaksi di platform digital.

2.4 Data Sosial Media

Sentimen, tren, dan interaksi pengguna di media sosial yang mencerminkan preferensi dan opini konsumen.

3. Jenis-jenis Algoritma yang Digunakan

3.1 Algoritma Klastering

Mengelompokkan konsumen ke dalam segmen-segmen berdasarkan kesamaan perilaku dan karakteristik.

3.2 Algoritma Prediktif

Memprediksi perilaku konsumen di masa depan berdasarkan data historis, misalnya kemungkinan pembelian ulang.

3.3 Algoritma Rekomendasi

Memberikan rekomendasi produk atau layanan yang relevan berdasarkan preferensi dan perilaku konsumen.

3.4 Algoritma Sentimen Analisis

Menganalisis opini dan sentimen konsumen dari data teks di media sosial atau ulasan produk.

4. Penerapan Algoritma dalam Strategi Pemasaran

4.1 Segmentasi Pasar yang Tepat Sasaran

Menggunakan klastering untuk membuat segmen pasar yang spesifik sehingga kampanye lebih fokus dan efektif.

4.2 Personalisasi Konten dan Penawaran

Algoritma rekomendasi digunakan untuk menampilkan konten dan penawaran yang disesuaikan dengan kebutuhan dan preferensi konsumen.

4.3 Optimasi Harga dan Promosi

Menggunakan data prediktif untuk menentukan harga optimal dan waktu promosi yang tepat.

4.4 Manajemen Saluran Distribusi

Memetakan preferensi kanal distribusi berdasarkan perilaku konsumen untuk efisiensi distribusi.

5. Studi Kasus: Implementasi Algoritma Pasar dan Konsumen di Perusahaan E-Commerce

5.1 Background dan Tantangan

Perusahaan e-commerce menghadapi persaingan ketat dengan kebutuhan memahami pelanggan secara mendalam.

5.2 Solusi Algoritma

Menggunakan data transaksi dan perilaku browsing untuk mengembangkan sistem rekomendasi dan segmentasi yang dinamis.

5.3 Hasil dan Manfaat

Peningkatan konversi penjualan, loyalitas pelanggan, dan efisiensi pemasaran.

6. Membangun Sistem Algoritma Pasar dan Konsumen

6.1 Pengumpulan dan Integrasi Data

Membangun infrastruktur data yang komprehensif dan terintegrasi dari berbagai sumber.

6.2 Pemilihan Algoritma yang Tepat

Menyesuaikan algoritma dengan kebutuhan bisnis dan karakteristik data.

6.3 Pelatihan dan Validasi Model

Proses melatih algoritma dengan data historis dan melakukan validasi untuk memastikan akurasi.

6.4 Implementasi dan Monitoring

Mengimplementasikan model dalam operasional bisnis dan terus memantau performa serta melakukan penyesuaian.

7. Etika dan Privasi dalam Penggunaan Algoritma Pasar

7.1 Kepatuhan terhadap Regulasi Data

Menjaga agar penggunaan data sesuai dengan regulasi seperti GDPR dan perlindungan data konsumen.

7.2 Transparansi dan Keamanan Data

Memberikan informasi jelas kepada konsumen tentang bagaimana data mereka digunakan serta menjaga keamanan data dari akses tidak sah.

7.3 Menghindari Bias Algoritma

Memastikan algoritma tidak diskriminatif dan adil dalam proses analisis dan pengambilan keputusan.

8. Tantangan dan Solusi dalam Penggunaan Algoritma Pasar

- Kompleksitas data dan kebutuhan sumber daya teknologi.

- Perubahan cepat dalam perilaku konsumen yang memerlukan pembaruan algoritma.

- Mengatasi resistensi internal terhadap perubahan berbasis data.

- Mengelola ekspektasi bisnis terhadap hasil algoritma.

9. Tips Praktis Memulai dan Mengoptimalkan Algoritma Pasar dan Konsumen

- Mulailah dengan data yang mudah didapat dan fokus pada permasalahan bisnis utama.

- Gunakan tools analytics dan platform machine learning yang sudah ada.

- Libatkan tim multidisiplin, termasuk pemasaran, IT, dan analis data.

- Lakukan eksperimen kecil terlebih dahulu untuk menguji efektivitas algoritma.

- Terus belajar dari hasil dan feedback untuk pengembangan berkelanjutan.

Kesimpulan Bab

Algoritma pasar dan konsumen adalah alat yang sangat powerful untuk memahami dan mengantisipasi perilaku pasar dalam era digital saat ini. Dengan memanfaatkan data secara tepat dan mengimplementasikan algoritma yang sesuai, bisnis dapat membuat strategi pemasaran yang lebih cerdas, meningkatkan pengalaman pelanggan, serta mendorong pertumbuhan yang berkelanjutan. Namun, keberhasilan ini juga membutuhkan perhatian pada aspek etika dan privasi untuk menjaga kepercayaan pelanggan serta mematuhi regulasi yang berlaku.

Bab 35:

Algoritma Konten. Cara Membuat, Mengelola, dan Mengoptimalkan Konten untuk Meningkatkan Engagement dan Reach

Pendahuluan

Konten adalah raja dalam dunia digital. Namun, membuat konten saja tidak cukup; bagaimana konten tersebut dikelola dan dioptimalkan agar mencapai audiens yang tepat dan menghasilkan engagement maksimal adalah hal yang jauh lebih penting. Algoritma konten memegang peranan penting dalam menentukan seberapa banyak orang yang melihat dan berinteraksi dengan konten yang kita buat.

Dalam bab ini, kita akan membahas berbagai aspek algoritma konten, mulai dari proses pembuatan konten yang efektif, strategi pengelolaan, hingga teknik optimasi yang dapat meningkatkan jangkauan dan keterlibatan audiens secara signifikan.

1. Memahami Algoritma Konten

1.1 Apa Itu Algoritma Konten?

Algoritma konten adalah serangkaian aturan dan prosedur yang digunakan oleh platform digital untuk menentukan bagaimana dan kapan sebuah konten ditampilkan kepada pengguna. Algoritma ini didasarkan pada sejumlah faktor, termasuk relevansi, kualitas, waktu posting, serta interaksi pengguna.

1.2 Mengapa Algoritma Konten Penting?

- Menentukan visibilitas konten.
- Mempengaruhi tingkat interaksi dan engagement.
- Membantu membangun komunitas dan loyalitas audiens.
- Memaksimalkan return on investment (ROI) dalam pemasaran digital.

2. Proses Membuat Konten yang Efektif

2.1 Riset dan Pemahaman Audiens

Mengetahui siapa audiens Anda adalah langkah pertama dan paling krusial. Gunakan data demografis, perilaku, dan minat untuk membentuk persona audiens.

2.2 Menentukan Tujuan Konten

Apakah konten bertujuan untuk edukasi, hiburan, promosi, atau meningkatkan brand awareness? Tujuan yang jelas akan menentukan jenis konten yang akan dibuat.

2.3 Ide dan Perencanaan Konten

Buat kalender konten yang terstruktur dengan topik-topik yang relevan dan tren terkini. Gunakan brainstorming dan alat bantu seperti Google Trends atau BuzzSumo untuk inspirasi.

2.4 Produksi Konten Berkualitas

Fokus pada kualitas visual dan teks. Gunakan multimedia (gambar, video, audio) untuk meningkatkan daya tarik.

3. Algoritma Pengelolaan Konten

3.1 Penjadwalan dan Frekuensi Posting

Gunakan data analytics untuk menentukan waktu terbaik dan frekuensi posting yang optimal agar tidak mengganggu audiens.

3.2 Penggunaan Metadata yang Tepat

Tag, judul, deskripsi, dan hashtag yang relevan membantu algoritma memahami konteks konten dan menargetkan audiens dengan lebih akurat.

3.3 Cross-Posting dan Multi-Platform

Mengelola konten di berbagai platform dengan pendekatan yang disesuaikan untuk masing-masing audiens.

3.4 Pemeliharaan Konten Lama

Memperbarui dan mengoptimalkan konten lama agar tetap relevan dan mendapatkan peringkat lebih baik di mesin pencari.

4. Teknik Optimasi Algoritma Konten

4.1 Engagement sebagai Faktor Utama

Algoritma platform sangat memperhatikan engagement. Oleh karena itu, buat konten yang mengundang interaksi seperti komentar, like, dan share.

4.2 Konten yang Memancing Emosi

Konten yang memicu emosi positif atau negatif cenderung lebih mudah menjadi viral.

4.3 Call-to-Action (CTA) yang Jelas

Dorong audiens untuk berinteraksi dengan konten melalui CTA yang spesifik dan menarik.

4.4 SEO untuk Konten Digital

Optimalkan kata kunci, struktur artikel, dan kecepatan loading halaman untuk meningkatkan peringkat di mesin pencari.

4.5 Penggunaan Algoritma Rekomendasi

Memahami cara kerja algoritma rekomendasi pada platform seperti YouTube, TikTok, atau Instagram, dan membuat konten yang memenuhi kriteria tersebut.

5. Analisis Performa Konten

5.1 Metrics yang Harus Dipantau

- Reach dan impressions.
- Engagement rate.
- Click-through rate (CTR).
- Conversion rate.

5.2 Tools Analitik

Gunakan Google Analytics, Facebook Insights, YouTube Analytics, dan platform analytics lainnya untuk mendapatkan data akurat.

5.3 Evaluasi dan Iterasi Konten

Terus evaluasi performa konten dan lakukan iterasi untuk perbaikan berkelanjutan.

6. Studi Kasus: Konten Viral dan Strategi

Optimasi

6.1 Studi Kasus 1: Video Tutorial yang Viral di YouTube

Analisis elemen yang membuat video tutorial tertentu mendapatkan jutaan views dan bagaimana pembuat konten menggunakan algoritma YouTube untuk mengoptimalkan distribusi.

6.2 Studi Kasus 2: Campaign Instagram yang Berhasil

Bagaimana sebuah brand fashion menggunakan hashtag, influencer, dan engagement strategies untuk meningkatkan awareness dan penjualan.

7. Tantangan dalam Mengelola Algoritma Konten

- Perubahan algoritma platform yang sering dan tidak terduga.
- Kompetisi ketat dengan konten lain yang serupa.
- Menghindari clickbait yang dapat merusak reputasi.
- Menjaga konsistensi kualitas dan frekuensi konten.

8. Tips Praktis Mengelola dan Mengoptimalkan Algoritma Konten

- Tetap update dengan perubahan algoritma platform.
- Bangun komunitas dan interaksi dua arah dengan audiens.
- Gunakan data untuk membuat keputusan berbasis fakta.
- Eksperimen dengan format dan jenis konten baru.

- Jaga kualitas dan autentisitas konten.

Kesimpulan Bab

Algoritma konten adalah faktor utama yang menentukan kesuksesan distribusi dan engagement sebuah konten di platform digital. Dengan memahami cara kerja algoritma, proses pembuatan konten yang terstruktur, pengelolaan yang efektif, dan teknik optimasi yang tepat, Anda dapat meningkatkan jangkauan dan interaksi konten secara signifikan. Kunci utama adalah konsistensi, pemahaman audiens, serta adaptasi terhadap perubahan algoritma dan tren pasar yang dinamis.

Bab 36:

Algoritma Media Sosial dan Cara Menggunakan Algoritma untuk Membuat Konten Viral di Platform Media Sosial

Pendahuluan

Di era digital saat ini, media sosial bukan hanya menjadi platform komunikasi, tetapi juga arena utama untuk pemasaran dan penyebaran konten. Algoritma media sosial menjadi penentu utama apakah konten yang Anda buat akan dilihat oleh banyak orang atau tenggelam dalam lautan postingan. Memahami dan memanfaatkan algoritma media sosial dengan benar adalah kunci untuk menciptakan konten yang viral dan meningkatkan jangkauan serta engagement.

Bab ini akan menguraikan secara rinci bagaimana algoritma media sosial bekerja, strategi terbaik untuk mengoptimalkan konten Anda agar viral, serta tips praktis yang dapat langsung diterapkan.

1. Memahami Algoritma Media Sosial

1.1 Apa Itu Algoritma Media Sosial?

Algoritma media sosial adalah sistem berbasis kecerdasan buatan yang menentukan konten mana yang akan ditampilkan kepada pengguna berdasarkan sejumlah faktor seperti relevansi, interaksi, dan waktu posting.

1.2 Faktor-Faktor Penentu Algoritma

• **Engagement**: Like, komentar, share, dan interaksi lainnya.

• **Relevansi Konten**: Seberapa cocok konten dengan minat pengguna.

• **Waktu Posting**: Konten baru lebih diutamakan.

• **Koneksi dan Hubungan**: Konten dari teman dekat atau akun yang sering berinteraksi lebih diutamakan.

• **Jenis Konten**: Beberapa jenis konten seperti video sering mendapat prioritas.

1.3 Perbedaan Algoritma di Berbagai Platform

Setiap platform media sosial memiliki algoritma yang unik dan terus diperbarui, seperti:

• Facebook: Fokus pada engagement dan hubungan antar pengguna.
• Instagram: Kombinasi engagement, hubungan, dan waktu.
• TikTok: Penekanan besar pada watch time dan interaksi awal.
• Twitter: Prioritas pada relevansi dan waktu.
• YouTube: Fokus pada watch time dan interaksi pengguna.

2. Strategi Membuat Konten Viral Berdasarkan Algoritma

2.1 Membuat Konten Berkualitas Tinggi dan Relevan

Konten harus menarik secara visual dan bermanfaat bagi audiens target.

2.2 Optimasi Waktu Posting

Gunakan data analytics untuk menentukan waktu ketika audiens Anda paling aktif.

2.3 Memicu Interaksi Awal

Interaksi dalam menit-menit pertama sangat penting agar algoritma menaikkan distribusi konten.

2.4 Menggunakan Hashtag dan Tag yang Tepat

Hashtag membantu menjangkau audiens yang lebih luas dan sesuai niche.

2.5 Variasi Format Konten

Gunakan campuran foto, video, stories, reels, dan live streaming sesuai tren platform.

3. Teknik Penggunaan Algoritma untuk Meningkatkan Viralitas

3.1 Mendorong Komentar dan Diskusi

Mengajukan pertanyaan atau meminta pendapat agar audiens terdorong berinteraksi.

3.2 Memanfaatkan Fitur Baru

Platform cenderung memprioritaskan konten yang menggunakan fitur terbaru (misalnya reels di Instagram).

3.3 Kolaborasi dengan Influencer

Konten yang di-share atau dilibatkan influencer memiliki peluang viral lebih besar.

3.4 Konsistensi dan Frekuensi Posting

Membangun ekspektasi audiens dan menjaga momentum engagement.

4. Analisis dan Optimalisasi Konten Viral

4.1 Monitoring Performa Konten

Pantau metrik seperti reach, impressions, engagement rate, dan watch time.

4.2 Menggunakan Feedback untuk Iterasi Konten

Terus perbaiki dan sesuaikan konten berdasarkan data dan komentar audiens.

4.3 Testing A/B

Eksperimen dengan format, caption, dan waktu posting untuk menemukan kombinasi terbaik.

5. Studi Kasus: Sukses Viral di Berbagai Platform Media Sosial

5.1 TikTok: Tren Dance dan Challenge

Bagaimana penggunaan musik dan challenge memicu jutaan views dan shares.

5.2 Instagram: Konten Edukasi dan Infografis

Konten bernilai tambah yang dibagikan luas oleh komunitas.

5.3 Facebook: Grup dan Komunitas

Pentingnya membangun komunitas aktif untuk meningkatkan engagement dan distribusi konten.

6. Risiko dan Tantangan dalam Memanfaatkan Algoritma Media Sosial

- Perubahan algoritma yang tiba-tiba dapat menurunkan jangkauan konten.
- Oversaturation konten sehingga sulit menonjol.
- Risiko ban atau shadowban jika melanggar aturan platform.
- Ketergantungan berlebihan pada algoritma dapat mengurangi kreativitas.

7. Tips Praktis Menguasai Algoritma Media Sosial

- Tetap update dengan perubahan dan pengumuman resmi dari platform.

- Fokus pada nilai dan kualitas konten, bukan hanya trik algoritma.
- Bangun hubungan nyata dengan audiens, bukan hanya angka.
- Manfaatkan tools analytics dan social listening untuk memahami tren dan preferensi.
- Jangan takut bereksperimen dengan konten dan format baru.

Kesimpulan Bab

Menguasai algoritma media sosial adalah langkah penting untuk meningkatkan peluang konten Anda menjadi viral. Dengan pemahaman mendalam tentang cara kerja algoritma dan penerapan strategi yang tepat, Anda bisa memaksimalkan jangkauan, meningkatkan engagement, dan membangun komunitas yang solid di platform media sosial.

Bab 37: Algoritma Hidup. Prinsip-Prinsip dan Strategi untuk Mengelola Kehidupan dengan Pendekatan Algoritmik

Pendahuluan

Hidup adalah rangkaian keputusan dan tindakan yang membentuk masa depan kita. Sama seperti komputer menjalankan algoritma untuk menyelesaikan masalah, kita juga dapat menggunakan prinsip-prinsip algoritmik untuk mengelola dan mengoptimalkan kehidupan sehari-hari. Algoritma hidup bukanlah sekadar rumus matematis, tetapi sebuah pendekatan sistematis yang menggabungkan perencanaan, evaluasi, dan eksekusi untuk mencapai tujuan pribadi dan profesional.

Dalam bab ini, kita akan membahas bagaimana prinsip algoritma dapat diterapkan dalam berbagai aspek kehidupan, mulai dari manajemen waktu, pengambilan keputusan, hingga pengembangan diri, agar hidup menjadi lebih terstruktur, efisien, dan bermakna.

1. Memahami Konsep Algoritma Hidup

1.1 Apa Itu Algoritma Hidup?

Algoritma hidup adalah pendekatan yang menggunakan pola pikir dan metode algoritmik untuk mengelola aktivitas, memecahkan masalah, dan mengambil keputusan dalam kehidupan sehari-hari. Pendekatan ini mengedepankan logika, struktur, dan optimasi.

1.2 Mengapa Algoritma Hidup Penting?

- Membantu mengelola kompleksitas hidup.
- Mengurangi stres akibat ketidakpastian.
- Meningkatkan produktivitas dan kualitas keputusan.
- Mempercepat pencapaian tujuan.

2. Prinsip-Prinsip Dasar Algoritma Hidup

2.1 Definisikan Tujuan dengan Jelas

Sama seperti algoritma membutuhkan tujuan akhir, hidup juga memerlukan tujuan yang spesifik dan terukur.

2.2 Pecah Masalah Besar Menjadi Sub-Masalah

Menyelesaikan masalah besar dengan membaginya menjadi bagian kecil agar lebih mudah ditangani.

2.3 Pilih Metode yang Efisien

Memilih cara atau strategi yang paling efektif dan efisien dalam menyelesaikan masalah.

2.4 Evaluasi dan Iterasi

Terus mengevaluasi hasil dan memperbaiki pendekatan berdasarkan feedback.

3. Menerapkan Algoritma Hidup dalam Manajemen Waktu

3.1 Prioritas Berdasarkan Matriks Eisenhower

Mengelompokkan tugas berdasarkan urgensi dan pentingnya agar fokus pada hal yang benar-benar berdampak.

3.2 Teknik Pomodoro

Menerapkan interval kerja dan istirahat yang terstruktur untuk meningkatkan fokus dan menghindari kelelahan.

3.3 To-Do List dan Kanban

Menggunakan alat visual untuk memantau progres tugas dan mengelola beban kerja secara sistematis.

4. Algoritma Pengambilan Keputusan

4.1 Identifikasi Pilihan dan Konsekuensi

Membuat daftar opsi dan konsekuensi potensialnya.

4.2 Analisis Risiko dan Manfaat

Mengevaluasi risiko dan manfaat dari setiap pilihan dengan cara yang terstruktur.

4.3 Gunakan Pendekatan "Jika-Maka" (If-Then)

Membuat skenario dan keputusan berdasarkan kondisi yang berbeda.

4.4 Gunakan Data dan Informasi

Mengumpulkan informasi yang relevan untuk mendukung keputusan.

5. Pengembangan Diri dengan Algoritma Hidup

5.1 Pembelajaran Terstruktur

Membuat jadwal belajar yang terorganisir dan menggunakan metode iterasi untuk penguasaan materi.

5.2 Feedback Loop

Menerima dan mengolah feedback untuk perbaikan diri secara berkelanjutan.

5.3 Goal Setting dan Tracking

Menetapkan target yang SMART (Spesifik, Measurable, Achievable, Relevant, Time-bound) dan memonitor progresnya.

6. Mengelola Emosi dan Stres dengan Pendekatan Algoritmik

6.1 Deteksi Pemicu Stres

Mengidentifikasi situasi atau pikiran yang memicu stres.

6.2 Strategi Coping Sistematis

Menerapkan teknik relaksasi, meditasi, atau aktivitas fisik sebagai bagian dari rutinitas.

6.3 Pemecahan Masalah Emosional

Menggunakan pola pikir logis untuk mengurai masalah emosional dan mencari solusi praktis.

7. Studi Kasus: Algoritma Hidup dalam Praktek

7.1 Contoh Pengelolaan Waktu Seorang Profesional Sibuk

Menggunakan to-do list dan teknik Pomodoro untuk meningkatkan produktivitas dan mengurangi stres.

7.2 Contoh Pengambilan Keputusan Karir dengan Algoritma

Menerapkan metode analisis risiko dan manfaat dalam memilih jalur karir.

8. Tantangan dan Cara Mengatasinya

- Resistensi terhadap perubahan pola pikir.
- Ketidakpastian dan ketidaksempurnaan data dalam pengambilan keputusan.
- Menjaga keseimbangan antara struktur dan fleksibilitas.
- Mengatasi overthinking akibat terlalu banyak analisis.

9. Tips Praktis Menerapkan Algoritma Hidup

- Mulailah dengan membuat tujuan yang jelas dan terukur.
- Gunakan alat bantu seperti aplikasi manajemen waktu dan catatan digital.
- Praktikkan evaluasi rutin dan jangan takut untuk melakukan iterasi.
- Bangun kebiasaan yang mendukung sistem yang sudah dibuat.
- Jaga keseimbangan antara disiplin dan spontanitas.

Kesimpulan Bab

Algoritma hidup adalah pendekatan inovatif yang menggabungkan prinsip logika, efisiensi, dan evaluasi dalam menjalani kehidupan sehari-hari. Dengan menerapkan algoritma ini, Anda dapat mengelola waktu, pengambilan keputusan, dan pengembangan diri secara lebih terstruktur dan efektif. Meski menghadapi tantangan dan ketidakpastian, penggunaan algoritma hidup dapat membantu Anda menjalani hidup yang lebih terarah, produktif, dan bermakna.

Bab 38:

Algoritma Pasar dan Konsumen. Memahami Perilaku Konsumen untuk Strategi Pemasaran yang Efektif

Pendahuluan

Dalam dunia bisnis dan pemasaran, memahami perilaku konsumen adalah kunci utama keberhasilan sebuah produk atau layanan. Algoritma pasar dan konsumen mengacu pada pola, proses, dan teknik analitik yang membantu perusahaan memahami dan memprediksi perilaku pelanggan, sehingga strategi pemasaran dapat dirancang dengan lebih tepat sasaran.

Bab ini akan mengupas tuntas bagaimana algoritma digunakan untuk menganalisis perilaku konsumen, mengidentifikasi segmen pasar, dan mengembangkan strategi pemasaran yang efektif dan adaptif. Dengan pemahaman mendalam tentang algoritma pasar, Anda dapat meningkatkan penjualan, loyalitas pelanggan, dan pertumbuhan bisnis.

1. Konsep Dasar Algoritma Pasar dan Konsumen

1.1 Apa Itu Algoritma Pasar dan Konsumen?

Algoritma pasar dan konsumen adalah metode dan proses berbasis data untuk memahami perilaku pasar dan konsumen melalui analisis pola pembelian, preferensi, dan interaksi pelanggan dengan produk atau layanan.

1.2 Pentingnya Memahami Perilaku Konsumen

- Meningkatkan efektivitas kampanye pemasaran.
- Meminimalisir biaya pemasaran yang tidak tepat sasaran.
- Mengoptimalkan pengembangan produk sesuai kebutuhan pasar.
- Membangun hubungan jangka panjang dengan pelanggan.

2. Pengumpulan dan Analisis Data Konsumen

2.1 Sumber Data Konsumen

- Data transaksi penjualan.
- Media sosial dan interaksi digital.
- Survei dan feedback pelanggan.
- Data demografis dan geografis.

2.2 Teknik Analisis Data

- Segmentasi pasar.
- Analisis prediktif.
- Analisis sentimen.
- Machine learning dan AI dalam pemasaran.

3. Segmentasi Pasar Berdasarkan Algoritma

3.1 Definisi Segmentasi Pasar

Proses membagi pasar menjadi kelompok-kelompok pelanggan dengan karakteristik dan kebutuhan yang serupa.

3.2 Metode Segmentasi

- Demografis (usia, jenis kelamin, pendapatan).
- Psikografis (gaya hidup, nilai, kepribadian).
- Perilaku (pola pembelian, loyalitas).
- Geografis (lokasi, iklim).

3.3 Algoritma Clustering

Penggunaan algoritma seperti K-means untuk mengelompokkan konsumen secara otomatis berdasarkan data yang ada.

4. Pemodelan Perilaku Konsumen

4.1 Model Prediksi Pembelian

Menggunakan data historis untuk memprediksi kemungkinan konsumen membeli produk tertentu.

4.2 Customer Lifetime Value (CLV)

Menghitung nilai keuntungan yang bisa diperoleh dari seorang pelanggan selama masa hubungan mereka dengan perusahaan.

4.3 Algoritma Rekomendasi

Memberikan rekomendasi produk yang sesuai dengan preferensi dan perilaku pelanggan menggunakan teknik collaborative filtering dan content-based filtering.

5. Strategi Pemasaran Berbasis Algoritma Pasar

5.1 Personalisasi Konten dan Iklan

Mengirimkan pesan yang relevan dan disesuaikan dengan profil konsumen.

5.2 Optimasi Penentuan Harga

Menggunakan algoritma untuk menentukan harga yang kompetitif dan menguntungkan berdasarkan permintaan dan persaingan.

5.3 Kampanye Pemasaran Terarah

Membidik segmen pasar yang spesifik dengan pesan dan media yang tepat.

6. Studi Kasus: Implementasi Algoritma Pasar di Dunia Nyata

6.1 E-commerce dan Algoritma Rekomendasi Produk

Bagaimana perusahaan e-commerce menggunakan algoritma untuk meningkatkan penjualan melalui rekomendasi produk yang personal.

6.2 Perusahaan FMCG dan Segmentasi Pasar

Strategi segmentasi dan targeting yang diterapkan untuk mengoptimalkan kampanye pemasaran dan distribusi produk.

7. Tantangan dan Etika dalam Penggunaan Algoritma Pasar dan Konsumen

- Privasi data dan perlindungan konsumen.
- Risiko bias dalam data dan algoritma.
- Transparansi dan keadilan dalam pemrosesan data.
- Menghindari over-personalisasi yang mengganggu pengalaman konsumen.

8. Tips Praktis Menggunakan Algoritma Pasar untuk Pemasaran

- Mulai dengan pengumpulan data yang berkualitas.
- Gunakan alat analisis data yang sesuai dengan kebutuhan bisnis.
- Terapkan segmentasi yang dinamis dan terus diperbarui.
- Integrasikan hasil analisis ke dalam strategi pemasaran nyata.
- Perhatikan aspek etika dan privasi dalam setiap langkah.

Kesimpulan Bab

Algoritma pasar dan konsumen memberikan kekuatan analitis yang luar biasa untuk memahami kebutuhan dan perilaku pelanggan. Dengan menggabungkan teknologi data dengan strategi pemasaran yang tepat, perusahaan dapat menciptakan kampanye yang lebih efektif, efisien, dan relevan. Namun, pemanfaatan algoritma ini harus diiringi dengan tanggung jawab etis dan kesadaran akan perlindungan privasi konsumen agar bisnis dapat tumbuh secara berkelanjutan dan berkelanjutan.

Bab 39:

Strategi Menggunakan Algoritma untuk Meningkatkan Engagement dan Viralitas di Media Sosial

Pendahuluan

Media sosial kini menjadi arena utama untuk komunikasi, pemasaran, hiburan, dan pengaruh sosial. Namun, dengan volume konten yang terus bertambah setiap detik, tantangan terbesar adalah bagaimana memastikan konten Anda tidak hanya dilihat, tetapi juga mendapatkan perhatian dan interaksi yang maksimal. Algoritma media sosial menjadi penentu utama dalam hal ini.

Dalam bab ini, kita akan membahas strategi-strategi praktis yang dapat digunakan untuk memanfaatkan algoritma media sosial guna meningkatkan engagement, seperti like, komentar, share, dan mendorong viralitas konten Anda. Selain itu, akan diuraikan bagaimana tren, psikologi audiens, dan data analitik dapat diintegrasikan dalam strategi konten.

1. Memahami Engagement dan Viralitas

1.1 Apa Itu Engagement?

Engagement adalah interaksi aktif dari pengguna terhadap konten yang Anda buat, meliputi like, komentar, share, klik, dan durasi menonton video.

1.2 Apa Itu Viralitas?

Viralitas terjadi ketika sebuah konten dengan cepat menyebar ke banyak pengguna, baik melalui share, repost, atau penyebaran organik lainnya, menghasilkan jangkauan yang sangat luas.

1.3 Mengapa Engagement dan Viralitas Penting?

- Meningkatkan visibilitas konten.
- Memperkuat hubungan dengan audiens.
- Meningkatkan peluang konversi dan penjualan.
- Membangun brand awareness secara efektif.

2. Faktor-Faktor Algoritma yang Mempengaruhi Engagement dan Viralitas

2.1 Interaksi Awal (Early Engagement)

Interaksi dalam beberapa menit pertama setelah posting sangat penting untuk algoritma menentukan apakah konten layak dipromosikan lebih luas.

2.2 Kualitas Konten

Konten yang menarik secara visual, informatif, atau menghibur cenderung mendapatkan engagement lebih tinggi.

2.3 Relevansi Audiens

Algoritma menyesuaikan distribusi konten berdasarkan ketertarikan dan interaksi pengguna sebelumnya.

2.4 Durasi Tonton dan Retensi (untuk video)

Video yang ditonton penuh atau dalam durasi lama menunjukkan kualitas konten yang baik.

2.5 Konsistensi dan Frekuensi Posting

Posting yang teratur dan konsisten membuat algoritma "memperhatikan" akun Anda.

3. Strategi Meningkatkan Engagement dengan Algoritma

3.1 Membuat Konten yang Memancing Emosi dan Respon

Konten yang menginspirasi, lucu, atau kontroversial sering memicu komentar dan share.

3.2 Gunakan Call to Action (CTA)

Ajakan untuk like, komentar, atau share secara eksplisit dapat meningkatkan interaksi.

3.3 Libatkan Audiens dengan Pertanyaan dan Polling

Cara ini mengajak audiens berpartisipasi aktif dalam konten Anda.

3.4 Manfaatkan Fitur Interaktif

Stories, reels, dan live streaming yang mengandung polling, quiz, dan Q&A menarik engagement lebih besar.

4. Strategi Mendorong Viralitas Konten

4.1 Buat Konten yang Mudah Dibagikan

Konten informatif, tips singkat, meme, atau kutipan yang relevan biasanya lebih mudah viral.

4.2 Kolaborasi dengan Influencer dan Mikro-

Influencer

Memperluas jangkauan konten dengan melibatkan figur yang sudah memiliki audiens.

4.3 Manfaatkan Trend dan Hashtag Populer

Mengikuti tren yang sedang berlangsung dan menggunakan hashtag yang relevan dapat meningkatkan peluang viral.

4.4 Gunakan Cerita dan Narasi yang Kuat

Cerita yang relatable dan kuat memancing empati dan ingin dibagikan oleh audiens.

5. Menganalisis Data untuk Optimalisasi

5.1 Gunakan Analytics Bawaan Platform

Pantau metrik seperti reach, impresi, engagement rate, dan klik untuk memahami performa konten.

5.2 Lakukan Eksperimen dan A/B Testing

Menguji variasi konten dan strategi posting untuk menemukan pendekatan terbaik.

5.3 Pelajari Demografi dan Preferensi Audiens

Sesuaikan konten dengan karakteristik audiens utama Anda.

6. Studi Kasus: Kesuksesan Konten Viral

6.1 Contoh Video Viral di TikTok

Analisis mengapa video tertentu mendapat jutaan views dan engagement.

6.2 Kampanye Instagram yang Menggugah Komunitas

Strategi konten yang melibatkan audiens dan membangun loyalitas.

7. Risiko dan Etika dalam Mengejar Viralitas

- Menghindari clickbait yang menurunkan kredibilitas.
- Tidak menyebarkan konten hoaks atau menyesatkan.
- Menghargai privasi dan hak cipta.
- Menjaga keseimbangan antara konten viral dan konten berkualitas.

8. Tips Praktis untuk Memaksimalkan Engagement dan Viralitas

- Fokus pada kualitas dan keaslian konten.
- Konsisten dalam jadwal posting.
- Gunakan storytelling yang kuat.
- Berinteraksi aktif dengan audiens.
- Adaptasi dengan cepat terhadap tren terbaru.

Kesimpulan Bab

Memahami dan menggunakan algoritma media sosial secara strategis dapat meningkatkan engagement dan peluang konten Anda menjadi viral. Namun, kunci utamanya tetap pada konten yang berkualitas, relevan, dan mampu membangun hubungan emosional dengan audiens. Dengan strategi yang tepat, Anda tidak hanya meningkatkan angka statistik, tetapi juga membangun komunitas yang setia dan berkelanjutan.

Bab 40:

Algoritma Kehidupan. Mengoptimalkan Kebiasaan dan Produktivitas untuk Kesuksesan Jangka Panjang

Pendahuluan

Hidup yang sukses dan bermakna tidak terjadi secara kebetulan. Ia merupakan hasil dari rangkaian kebiasaan, keputusan, dan strategi yang konsisten dijalankan dalam jangka panjang. Dalam bab ini, kita akan membahas bagaimana menggunakan pendekatan algoritmik untuk membangun kebiasaan positif dan meningkatkan produktivitas secara efektif.

Algoritma kehidupan yang dimaksud adalah cara berpikir dan bertindak terstruktur untuk mengelola waktu, energi, dan sumber daya demi mencapai tujuan pribadi dan profesional. Pendekatan ini mengintegrasikan ilmu psikologi, manajemen waktu, dan teknik pengembangan diri yang terbukti ampuh.

1. Memahami Kebiasaan dalam Kerangka Algoritmik

1.1 Apa Itu Kebiasaan?

Kebiasaan adalah pola perilaku otomatis yang terbentuk dari pengulangan dan menjadi bagian dari rutinitas harian.

1.2 Mengapa Kebiasaan Penting?

- Membantu mengurangi kebutuhan akan keputusan yang berat setiap hari.
- Meningkatkan efisiensi dan konsistensi.
- Membentuk identitas dan karakter seseorang.

1.3 Algoritma Pembentukan Kebiasaan

- **Trigger (Pemicu):** Faktor yang memulai kebiasaan.
- **Routine (Rutinitas):** Perilaku yang dilakukan.
- **Reward (Hadiah):** Imbalan yang memperkuat kebiasaan.

2. Membangun Kebiasaan Positif dengan Pendekatan Algoritmik

2.1 Definisikan Tujuan Kebiasaan

Tentukan dengan jelas kebiasaan apa yang ingin dibangun dan hasil yang diharapkan.

2.2 Pecah Kebiasaan Besar Menjadi Langkah Kecil

Mulai dari tindakan kecil yang mudah dilakukan agar tidak merasa terbebani.

2.3 Tentukan Pemicu yang Konsisten

Pilih waktu, tempat, atau situasi spesifik sebagai pemicu kebiasaan.

2.4 Berikan Hadiah atau Penguatan Positif

Beri diri Anda penghargaan setelah berhasil menjalankan kebiasaan.

2.5 Gunakan Teknologi dan Alat Bantu

Aplikasi pengingat, jurnal, atau komunitas pendukung untuk menjaga motivasi.

3. Menghilangkan Kebiasaan Buruk dengan Algoritma Reframing

3.1 Identifikasi Pemicu dan Pola Kebiasaan Buruk

Pahami kapan dan mengapa kebiasaan buruk muncul.

3.2 Ganti Rutinitas dengan Perilaku Positif

Alihkan kebiasaan buruk dengan aktivitas yang sehat dan produktif.

3.3 Hindari Situasi Pemicu

Batasi eksposur terhadap lingkungan atau kondisi yang memicu kebiasaan negatif.

4. Manajemen Waktu sebagai Algoritma Produktivitas

4.1 Prioritas Berdasarkan Nilai dan Tujuan

Fokus pada aktivitas yang benar-benar mendukung pencapaian tujuan jangka panjang.

4.2 Teknik Time Blocking

Mengalokasikan waktu khusus untuk tugas tertentu dalam kalender.

4.3 Menggunakan Metode Pomodoro

Mengatur kerja dalam sesi fokus yang pendek dengan istirahat teratur.

4.4 Evaluasi Harian dan Mingguan

Melakukan review progres dan penyesuaian strategi.

5. Mengelola Energi untuk Produktivitas Optimal

5.1 Kenali Ritme Energi Harian Anda

Identifikasi kapan waktu Anda paling produktif dan fokus.

5.2 Jaga Kesehatan Fisik dan Mental

Istirahat cukup, olahraga, dan nutrisi yang baik mendukung energi.

5.3 Teknik Mindfulness dan Meditasi

Meningkatkan konsentrasi dan mengurangi stres.

6. Strategi Pengambilan Keputusan Efektif

6.1 Kurangi Beban Keputusan Sehari-hari

Automasi keputusan rutin untuk menghemat energi mental.

6.2 Gunakan Framework Pengambilan Keputusan

Seperti matriks SWOT, analisis cost-benefit, dan pendekatan "Jika-Maka".

6.3 Belajar dari Hasil dan Feedback

Refleksi untuk perbaikan berkelanjutan.

7. Studi Kasus: Algoritma Kehidupan Orang Sukses

7.1 Rutinitas Harian Tokoh Terkenal

Analisis pola kebiasaan dan manajemen waktu mereka.

7.2 Implementasi Kebiasaan Produktif dalam Kehidupan Sehari-hari

Contoh penerapan dalam skenario nyata.

8. Tantangan dan Cara Mengatasinya

- Konsistensi dan disiplin yang sulit dipertahankan.
- Godaan dan gangguan yang menghambat kebiasaan.
- Rasa malas dan kehilangan motivasi.
- Overload informasi dan multitasking.

9. Tips Praktis Mengoptimalkan Algoritma Kehidupan

- Mulailah dengan kebiasaan kecil dan sederhana.
- Buat sistem pengingat dan penghargaan.
- Libatkan orang lain sebagai accountability partner.
- Evaluasi secara rutin dan sesuaikan strategi.
- Jaga keseimbangan antara kerja dan istirahat.

Kesimpulan Bab

Menggunakan algoritma dalam membangun kebiasaan dan mengelola produktivitas adalah cara yang efektif untuk mencapai kesuksesan jangka panjang. Dengan pendekatan yang terstruktur dan konsisten, Anda dapat menciptakan rutinitas yang mendukung pencapaian tujuan, mengelola energi, dan membuat keputusan lebih baik. Algoritma kehidupan ini bukan hanya tentang kerja keras, tetapi juga kerja cerdas dan bijak.

Bab 41:

Algoritma dalam Pengambilan Keputusan. Memaksimalkan Logika dan Intuisi untuk Hasil Optimal

Pendahuluan

Setiap hari kita dihadapkan pada berbagai keputusan, mulai dari yang sederhana hingga yang kompleks dan berdampak besar pada hidup dan karier. Pengambilan keputusan yang baik bukan hanya soal keberuntungan, melainkan juga keterampilan yang dapat diasah dan dioptimalkan melalui pendekatan sistematis atau algoritmik.

Di bab ini, kita akan mengeksplorasi bagaimana algoritma pengambilan keputusan membantu kita menstrukturkan proses berpikir, menggabungkan antara logika dan intuisi, serta mengelola risiko dan ketidakpastian agar menghasilkan keputusan yang optimal dan efektif.

1. Pemahaman Dasar tentang Pengambilan Keputusan

1.1 Definisi dan Pentingnya Pengambilan Keputusan

Pengambilan keputusan adalah proses memilih alternatif terbaik dari beberapa opsi yang tersedia. Keputusan yang tepat dapat membawa kesuksesan, sedangkan keputusan buruk dapat menimbulkan kerugian.

1.2 Tipe-Tipe Keputusan

- **Keputusan rutin:** Berulang dan sederhana.

- **Keputusan strategis:** Kompleks dan berdampak jangka panjang.
- **Keputusan operasional:** Berkaitan dengan aktivitas sehari-hari.

2. Algoritma Pengambilan Keputusan: Konsep dan Manfaat

2.1 Apa itu Algoritma Pengambilan Keputusan?

Algoritma pengambilan keputusan adalah langkah sistematis untuk mengolah informasi dan opsi yang ada menjadi keputusan yang logis dan terstruktur.

2.2 Manfaat Menggunakan Algoritma

- Mengurangi bias dan kesalahan kognitif.
- Mempercepat proses pengambilan keputusan.
- Meningkatkan kualitas dan konsistensi keputusan.
- Memudahkan evaluasi dan revisi keputusan.

3. Langkah-Langkah Algoritma Pengambilan Keputusan

3.1 Identifikasi Masalah atau Tujuan

Langkah pertama adalah mengenali masalah yang harus dipecahkan atau tujuan yang ingin dicapai secara jelas dan spesifik.

3.2 Kumpulkan Data dan Informasi

Mengumpulkan fakta, data relevan, dan opini yang dapat mendukung proses pengambilan keputusan.

3.3 Tentukan Alternatif Solusi

Buat daftar pilihan atau opsi yang memungkinkan untuk menyelesaikan masalah atau mencapai tujuan.

3.4 Evaluasi Alternatif

Analisis kelebihan, kekurangan, risiko, dan potensi hasil dari masing-masing alternatif.

3.5 Pilih Alternatif Terbaik

Berdasarkan evaluasi, pilih opsi yang paling sesuai dengan tujuan dan kondisi.

3.6 Implementasi Keputusan

Terapkan pilihan yang sudah diputuskan dengan rencana aksi yang jelas.

3.7 Monitoring dan Evaluasi

Pantau hasil dari keputusan yang diambil dan lakukan evaluasi untuk perbaikan jika diperlukan.

4. Model dan Teknik Algoritma Pengambilan Keputusan

4.1 Model Rasional

Pengambilan keputusan berdasarkan analisis logis dan objektif, dengan asumsi informasi lengkap.

4.2 Model Intuisi

Mengandalkan pengalaman dan firasat ketika data lengkap tidak tersedia.

4.3 Model SWOT Analysis

Memetakan kekuatan, kelemahan, peluang, dan ancaman dari tiap alternatif.

4.4 Decision Tree

Diagram bercabang yang membantu memvisualisasikan pilihan dan konsekuensinya.

4.5 Analisis Cost-Benefit

Membandingkan biaya dan manfaat dari setiap opsi untuk menentukan nilai terbaik.

5. Menggabungkan Logika dan Intuisi dalam Pengambilan Keputusan

5.1 Kapan Menggunakan Logika

Saat data lengkap, waktu cukup, dan keputusan berdampak besar.

5.2 Kapan Mengandalkan Intuisi

Dalam situasi yang cepat, tidak pasti, atau ketika pengalaman sangat relevan.

5.3 Mengembangkan Intuisi yang Akurat

Melalui latihan, refleksi, dan pengalaman berulang.

6. Mengelola Risiko dan Ketidakpastian

6.1 Identifikasi Risiko Potensial

Kenali risiko yang mungkin muncul dari tiap alternatif.

6.2 Analisis Probabilitas dan Dampak

Tentukan kemungkinan terjadinya risiko dan efeknya.

6.3 Strategi Mitigasi Risiko

Rancang langkah-langkah untuk meminimalkan dampak risiko.

7. Studi Kasus: Pengambilan Keputusan dalam Bisnis

7.1 Kasus Peluncuran Produk Baru

Bagaimana algoritma membantu memilih strategi peluncuran terbaik.

7.2 Kasus Krisis Manajemen

Langkah pengambilan keputusan cepat dan efektif saat krisis.

8. Kesalahan Umum dalam Pengambilan Keputusan dan Cara Menghindarinya

- Overconfidence atau terlalu yakin pada pilihan.
- Bias konfirmasi yang hanya mencari informasi yang mendukung pilihan.
- Paralysis by analysis, yaitu kebingungan karena terlalu banyak analisis.

- Mengabaikan data penting karena emosi.

9. Tips Praktis untuk Meningkatkan Kemampuan Pengambilan Keputusan

- Biasakan berpikir sistematis.
- Gunakan alat bantu dan framework pengambilan keputusan.
- Belajar dari keputusan masa lalu.
- Jangan takut mengambil risiko yang sudah diperhitungkan.
- Latih intuisi dengan pengalaman nyata.

Kesimpulan Bab

Pengambilan keputusan yang efektif adalah perpaduan antara algoritma logis dan intuisi yang matang. Dengan menerapkan proses pengambilan keputusan secara sistematis, Anda dapat meminimalkan risiko dan meningkatkan peluang keberhasilan dalam berbagai aspek kehidupan. Mempelajari dan melatih kemampuan ini akan menjadi investasi berharga untuk masa depan Anda.

Bab 42:

Algoritma Pasar dan Konsumen. Memahami Perilaku Pelanggan untuk Strategi Bisnis yang Efektif

Pendahuluan

Pasar dan perilaku konsumen adalah inti dari setiap bisnis yang ingin berkembang dan bertahan di tengah persaingan yang ketat. Algoritma pasar dan konsumen merupakan pendekatan sistematis untuk mengumpulkan, menganalisis, dan memanfaatkan data perilaku pelanggan guna menciptakan strategi bisnis yang efektif, tepat sasaran, dan berkelanjutan.

Dalam bab ini, kita akan membahas bagaimana memahami perilaku konsumen melalui algoritma, metode analitik, segmentasi pasar, serta bagaimana menggunakan wawasan tersebut untuk meningkatkan pemasaran, penjualan, dan loyalitas pelanggan.

1. Dasar-Dasar Algoritma Pasar dan Konsumen

1.1 Definisi dan Ruang Lingkup

Algoritma pasar dan konsumen adalah proses menggunakan data dan teknologi untuk mengidentifikasi pola perilaku, preferensi, dan kebutuhan pelanggan, sehingga perusahaan dapat menyesuaikan produk, layanan, dan strategi pemasaran.

1.2 Mengapa Memahami Perilaku Konsumen Penting?

- Meningkatkan efektivitas pemasaran.
- Meningkatkan kepuasan dan loyalitas pelanggan.
- Mengurangi risiko produk gagal di pasar.
- Menyesuaikan penawaran dengan kebutuhan pasar.

2. Pengumpulan Data Konsumen

2.1 Sumber Data Konsumen

- Data transaksi dan pembelian.
- Data demografis dan psikografis.
- Interaksi di media sosial.
- Survei dan feedback langsung.

2.2 Pentingnya Data Berkualitas

Data yang akurat, lengkap, dan terkini menjadi dasar yang kuat untuk analisis yang valid.

2.3 Etika dan Privasi Data

Perlindungan data pribadi konsumen dan kepatuhan terhadap regulasi sangat penting untuk membangun kepercayaan.

3. Segmentasi Pasar dengan Algoritma

3.1 Apa Itu Segmentasi Pasar?

Proses membagi pasar menjadi kelompok-kelompok konsumen yang memiliki karakteristik dan kebutuhan serupa.

3.2 Metode Segmentasi

- **Segmentasi Demografis:** Usia, jenis kelamin, pendapatan.
- **Segmentasi Geografis:** Lokasi dan iklim.
- **Segmentasi Psikografis:** Gaya hidup, nilai, kepribadian.
- **Segmentasi Perilaku:** Pola pembelian, loyalitas, respons terhadap promosi.

3.3 Algoritma Clustering

Menggunakan metode statistik dan machine learning untuk mengidentifikasi segmen pasar secara otomatis.

4. Analisis Perilaku Konsumen

4.1 Pola Pembelian dan Preferensi

Memahami kapan, bagaimana, dan mengapa konsumen membeli produk atau layanan tertentu.

4.2 Customer Journey Mapping

Visualisasi perjalanan konsumen mulai dari kesadaran hingga pembelian dan loyalitas.

4.3 Predictive Analytics

Menggunakan data historis untuk memprediksi perilaku konsumen di masa depan.

5. Strategi Bisnis Berdasarkan Algoritma

Pasar dan Konsumen

5.1 Personalisasi Produk dan Layanan

Menyesuaikan penawaran berdasarkan preferensi individu atau segmen pasar.

5.2 Penetapan Harga Dinamis

Menggunakan algoritma untuk menyesuaikan harga berdasarkan permintaan, kompetisi, dan perilaku pelanggan.

5.3 Kampanye Pemasaran Tersegmentasi

Mengirim pesan yang relevan dan tepat waktu ke kelompok pelanggan tertentu.

5.4 Pengelolaan Loyalitas Pelanggan

Mengidentifikasi pelanggan potensial dan memberikan insentif yang tepat untuk mempertahankan mereka.

6. Implementasi Teknologi dalam Algoritma Pasar dan Konsumen

6.1 Big Data dan Data Analytics

Pengolahan data besar untuk mendapatkan wawasan mendalam tentang perilaku pasar.

6.2 Machine Learning dan AI

Mengautomasi proses analisis dan prediksi perilaku konsumen.

6.3 CRM (Customer Relationship Management)

Sistem yang membantu mengelola interaksi dengan pelanggan secara efisien.

7. Studi Kasus: Keberhasilan Algoritma Pasar dan Konsumen

7.1 Netflix: Personalisasi Konten

Bagaimana Netflix menggunakan algoritma untuk merekomendasikan konten yang sesuai dengan preferensi pengguna.

7.2 Amazon: Penetapan Harga Dinamis dan Rekomendasi Produk

Strategi algoritmik yang meningkatkan penjualan dan kepuasan pelanggan.

8. Tantangan dalam Menerapkan Algoritma Pasar dan Konsumen

- Kualitas dan integritas data.
- Kompleksitas analisis dan interpretasi hasil.
- Risiko pelanggaran privasi.
- Resistensi perubahan dalam organisasi.

9. Tips Praktis Menggunakan Algoritma Pasar dan Konsumen

- Mulai dengan data yang ada dan kembangkan secara bertahap.
- Libatkan tim lintas fungsi untuk integrasi strategi.
- Gunakan tools yang sesuai dengan skala bisnis.

- Prioritaskan transparansi dan etika dalam penggunaan data.
- Evaluasi hasil dan lakukan iterasi berkelanjutan.

Kesimpulan Bab

Memahami dan menggunakan algoritma pasar dan konsumen secara tepat dapat memberikan keuntungan kompetitif yang signifikan bagi bisnis. Melalui analisis data yang mendalam, segmentasi yang tepat, dan penerapan strategi yang sesuai, perusahaan dapat memenuhi kebutuhan pelanggan dengan lebih baik dan meningkatkan performa bisnis secara berkelanjutan.

Bab 43:

Algoritma Media Sosial untuk Meningkatkan Viralitas. Strategi dan Teknik Efektif

Pendahuluan

Media sosial telah menjadi salah satu platform paling kuat untuk menyebarkan informasi, membangun merek, dan menjangkau audiens global. Namun, untuk dapat "viral" di media sosial, tidak cukup hanya dengan konten yang bagus saja. Anda perlu memahami dan memanfaatkan algoritma media sosial, sistem yang mengatur konten mana yang muncul dan bagaimana konten tersebut didistribusikan ke pengguna.

Bab ini membahas secara mendalam cara kerja algoritma media sosial, faktor-faktor yang mempengaruhi viralitas, dan strategi praktis untuk meningkatkan jangkauan serta interaksi konten Anda.

1. Memahami Algoritma Media Sosial

1.1 Apa itu Algoritma Media Sosial?

Algoritma media sosial adalah rangkaian aturan dan proses otomatis yang menentukan konten mana yang akan muncul di feed pengguna berdasarkan berbagai faktor seperti relevansi, waktu, dan interaksi.

1.2 Tujuan Algoritma

- Menyajikan konten yang paling relevan dan menarik untuk tiap pengguna.
- Meningkatkan keterlibatan (engagement).

- Memaksimalkan waktu yang dihabiskan pengguna di platform.

1.3 Perbedaan Algoritma di Berbagai Platform

Setiap platform media sosial, Facebook, Instagram, TikTok, Twitter, LinkedIn, memiliki algoritma yang unik dan terus berubah sesuai dengan tujuan bisnis mereka.

2. Faktor-faktor yang Mempengaruhi Viralitas Konten

2.1 Engagement (Interaksi)

Likes, komentar, shares, dan saves adalah sinyal utama yang digunakan algoritma untuk menentukan seberapa menarik konten Anda.

2.2 Waktu dan Frekuensi Posting

Konten yang diposting pada waktu optimal dan dengan frekuensi yang tepat cenderung mendapatkan lebih banyak perhatian.

2.3 Relevansi dan Personalisasi

Konten yang sesuai dengan minat dan perilaku pengguna lebih mungkin muncul di feed mereka.

2.4 Kecepatan Interaksi

Konten yang mendapatkan interaksi dalam waktu singkat setelah diposting memiliki peluang lebih besar untuk viral.

2.5 Format Konten

Video pendek, gambar berkualitas tinggi, dan konten interaktif biasanya mendapat prioritas.

3. Strategi Meningkatkan Viralitas Berdasarkan Algoritma

3.1 Kenali Target Audiens Anda

Memahami demografi, minat, dan perilaku audiens untuk menciptakan konten yang resonan.

3.2 Buat Konten Berkualitas dan Relevan

Fokus pada konten yang menghibur, mendidik, atau menginspirasi.

3.3 Gunakan Hashtag yang Tepat

Hashtag membantu menjangkau audiens yang lebih luas dan relevan.

3.4 Manfaatkan Tren dan Challenge

Ikut serta dalam tren dan challenge populer untuk meningkatkan exposure.

3.5 Konsistensi dan Jadwal Posting

Membangun ekspektasi dan loyalitas audiens melalui posting rutin.

3.6 Ajak Audiens untuk Berinteraksi

Gunakan call to action yang mengundang komentar, share, atau saves.

4. Teknik dan Tools untuk Memaksimalkan

Algoritma

4.1 Optimasi Profil dan Bio

Profil yang lengkap dan menarik membantu meningkatkan kredibilitas dan memudahkan pencarian.

4.2 Gunakan Analytics untuk Mengukur Performa

Pantau metrik penting seperti reach, impressions, dan engagement rate untuk menyesuaikan strategi.

4.3 Automasi dan Penjadwalan Konten

Tools seperti Hootsuite, Buffer, atau Later membantu mengelola posting secara efisien.

4.4 Kolaborasi dengan Influencer dan Komunitas

Memperluas jangkauan melalui kolaborasi dengan pihak lain yang memiliki audiens serupa.

5. Studi Kasus: Viralitas Konten yang Sukses

5.1 Kampanye Viral TikTok

Analisis kampanye yang memanfaatkan musik, challenge, dan interaksi untuk mencapai jutaan views.

5.2 Konten Instagram yang Mendulang Engagement Tinggi

Bagaimana storytelling visual dan penggunaan fitur seperti Stories dan Reels meningkatkan jangkauan.

6. Mengatasi Tantangan dan Risiko Viralitas

6.1 Menghindari Konten yang Menyesatkan atau Negatif

Viralitas yang tidak sehat dapat merusak reputasi dan kredibilitas.

6.2 Mengelola Komentar Negatif dan Troll

Strategi menjaga komunitas tetap positif dan suportif.

6.3 Adaptasi dengan Perubahan Algoritma

Terus belajar dan mengikuti update algoritma untuk mempertahankan performa.

7. Tips Praktis untuk Meningkatkan Viralitas Konten Anda

- Gunakan storytelling yang kuat.
- Eksperimen dengan format dan waktu posting.
- Libatkan audiens secara aktif.
- Gunakan visual yang menarik dan berkualitas.
- Tetap autentik dan konsisten dengan brand Anda.

Kesimpulan Bab

Memahami dan menguasai algoritma media sosial adalah kunci utama untuk menciptakan konten yang viral dan menjangkau audiens luas. Dengan menggabungkan strategi yang tepat, konten berkualitas, dan analisis data, Anda dapat meningkatkan interaksi dan membangun komunitas yang kuat di platform media sosial.

Bab 44:

Algoritma Hidup. Membangun Kebiasaan dan Mindset yang Mendukung Kesuksesan

Pendahuluan

Hidup adalah serangkaian keputusan dan tindakan yang membentuk masa depan kita. Sama seperti algoritma dalam teknologi yang mengatur langkah-langkah sistematis untuk mencapai hasil tertentu, kehidupan kita juga bisa dipandu oleh algoritma pribadi, rangkaian kebiasaan, pola pikir, dan strategi yang terstruktur demi mencapai tujuan yang diinginkan.

Bab ini membahas bagaimana membangun algoritma hidup yang efektif dengan membentuk kebiasaan baik, mindset positif, serta teknik pengelolaan waktu dan emosi yang mendukung kesuksesan dan kebahagiaan.

1. Konsep Algoritma Hidup

1.1 Apa Itu Algoritma Hidup?

Algoritma hidup adalah pendekatan sistematis untuk mengatur perilaku dan pola pikir agar mencapai tujuan pribadi maupun profesional secara konsisten.

1.2 Mengapa Penting?

- Mengurangi kebingungan dan ketidakteraturan dalam kehidupan sehari-hari.
- Membantu fokus pada hal yang paling penting.

- Memudahkan pencapaian tujuan jangka pendek dan panjang.
- Membentuk karakter dan integritas diri.

2. Mindset sebagai Dasar Algoritma Hidup

2.1 Fixed Mindset vs Growth Mindset

Carol Dweck, seorang psikolog, membagi mindset menjadi dua: fixed mindset (pola pikir tetap) yang menghindari tantangan dan growth mindset (pola pikir berkembang) yang melihat kegagalan sebagai peluang belajar.

2.2 Mengembangkan Growth Mindset

- Terima tantangan sebagai bagian dari proses.
- Fokus pada usaha dan proses, bukan hanya hasil.
- Belajar dari kritik dan kegagalan.
- Rayakan kemajuan kecil.

3. Membentuk Kebiasaan Positif

3.1 Pentingnya Kebiasaan

Kebiasaan membentuk 40-45% aktivitas harian kita. Dengan kebiasaan yang tepat, kita bisa mencapai hasil besar tanpa harus terus menerus mengandalkan motivasi.

3.2 Cara Membentuk Kebiasaan Baru

- Mulai dari langkah kecil (tiny habits).

- Hubungkan kebiasaan baru dengan kebiasaan yang sudah ada (habit stacking).

- Gunakan pengingat dan alarm.

- Buat lingkungan yang mendukung.

- Rayakan setiap pencapaian.

3.3 Menghilangkan Kebiasaan Buruk

- Identifikasi pemicu kebiasaan buruk.
- Ganti dengan kebiasaan positif.
- Kurangi paparan terhadap pemicu.
- Gunakan teknik self-monitoring.

4. Manajemen Waktu dalam Algoritma Hidup

4.1 Prinsip Prioritas

Gunakan metode Eisenhower Matrix untuk memisahkan tugas berdasarkan urgensi dan pentingnya.

4.2 Teknik Pomodoro

Kerjakan tugas dalam sesi fokus 25 menit dengan istirahat singkat di antaranya untuk menjaga produktivitas.

4.3 Menetapkan Goal SMART

Spesifik, Measurable (terukur), Achievable (dapat dicapai), Relevant (relevan), dan Time-bound (terikat waktu).

5. Pengelolaan Emosi dan Stres

5.1 Pentingnya Kecerdasan Emosional

Kemampuan mengenali, mengelola, dan mengekspresikan emosi secara sehat.

5.2 Teknik Mengelola Stres

- Meditasi dan mindfulness.
- Olahraga rutin.
- Tidur cukup.
- Berbagi perasaan dengan orang terdekat.

6. Algoritma Hidup dalam Praktik: Contoh Rutinitas Harian

- Pagi: Bangun tepat waktu, meditasi, olahraga, perencanaan hari.
- Siang: Fokus pada tugas utama, istirahat sejenak.
- Sore: Evaluasi progres, belajar atau membaca.
- Malam: Refleksi diri, persiapan tidur.

7. Studi Kasus: Sukses Melalui Algoritma Hidup

- Kisah tokoh sukses yang menerapkan disiplin dan kebiasaan baik.
- Bagaimana perubahan mindset dan kebiasaan mengubah hidup mereka.

8. Tips Praktis Membangun Algoritma Hidup yang Efektif

- Mulai dari satu kebiasaan kecil.
- Gunakan jurnal untuk mencatat progres.
- Bersikap fleksibel dan adaptif.
- Cari mentor atau komunitas pendukung.
- Beri penghargaan pada diri sendiri.

Kesimpulan Bab

Membangun algoritma hidup yang sehat dan efektif adalah kunci menuju kesuksesan dan kebahagiaan jangka panjang. Dengan mindset yang tepat, kebiasaan positif, manajemen waktu, dan pengelolaan emosi, kita dapat menjalani kehidupan yang lebih terarah, bermakna, dan produktif.

Bab 45:

Algoritma Pasar dan Konsumen. Analisis Data untuk Pengambilan Keputusan Bisnis yang Tepat

Pendahuluan

Dalam dunia bisnis yang penuh kompetisi dan dinamika, kemampuan untuk mengambil keputusan yang tepat menjadi sangat krusial. Algoritma pasar dan konsumen menyediakan kerangka kerja yang membantu para pengusaha dan pemasar dalam menganalisis data pasar dan perilaku konsumen secara sistematis. Dengan pendekatan berbasis data, perusahaan dapat mengenali peluang, mengurangi risiko, dan menyesuaikan strategi bisnis untuk meraih keunggulan kompetitif.

Bab ini menguraikan bagaimana menggunakan algoritma dan teknik analisis data untuk memahami pasar dan konsumen, serta bagaimana hasil analisis tersebut dapat diterjemahkan menjadi keputusan bisnis yang strategis.

1. Peran Analisis Data dalam Algoritma Pasar dan Konsumen

1.1 Mengapa Data Penting?

Data memberikan gambaran nyata tentang kondisi pasar dan perilaku konsumen. Tanpa data, keputusan bisnis seringkali hanya berdasarkan asumsi atau intuisi, yang berpotensi menimbulkan risiko kegagalan.

1.2 Data Sebagai Aset Strategis

Perusahaan yang mampu mengelola dan menganalisis data dengan baik akan mendapatkan insight yang berharga untuk inovasi produk, pemasaran, hingga pengelolaan hubungan pelanggan.

2. Jenis Data Pasar dan Konsumen

2.1 Data Primer

Data yang dikumpulkan langsung dari sumber, seperti survei, wawancara, dan eksperimen pasar.

2.2 Data Sekunder

Data yang diperoleh dari sumber yang sudah ada, seperti laporan industri, data pemerintah, dan database publik.

2.3 Data Transaksional

Informasi terkait pembelian dan interaksi konsumen dengan produk atau layanan.

2.4 Data Digital dan Media Sosial

Data perilaku online yang mencakup klik, like, share, dan komentar di platform digital.

3. Teknik Analisis Data untuk Pasar dan Konsumen

3.1 Descriptive Analytics

Menggambarkan data dan memberikan gambaran umum tentang tren dan pola yang terjadi.

3.2 Diagnostic Analytics

Menganalisis penyebab dari suatu fenomena atau perubahan dalam perilaku pasar.

3.3 Predictive Analytics

Menggunakan model statistik dan machine learning untuk memprediksi perilaku dan tren masa depan.

3.4 Prescriptive Analytics

Menyediakan rekomendasi tindakan terbaik berdasarkan hasil prediksi dan analisis.

4. Algoritma dan Model Analitik yang Sering Digunakan

4.1 Clustering

Mengelompokkan konsumen berdasarkan karakteristik dan perilaku serupa untuk segmentasi pasar.

4.2 Decision Trees

Model yang membantu dalam pengambilan keputusan dengan memetakan berbagai alternatif dan hasilnya.

4.3 Regression Analysis

Menganalisis hubungan antara variabel untuk memahami faktor yang mempengaruhi perilaku konsumen.

4.4 Collaborative Filtering

Digunakan dalam rekomendasi produk berdasarkan preferensi konsumen serupa.

5. Pengambilan Keputusan Berbasis Data

5.1 Menentukan Tujuan Bisnis

Langkah pertama adalah memahami tujuan yang ingin dicapai melalui analisis data, seperti meningkatkan penjualan, memperluas pasar, atau meningkatkan loyalitas pelanggan.

5.2 Menyusun Hipotesis dan Pertanyaan Analitik

Contohnya: Mengapa penjualan menurun pada segmen tertentu? Apa produk yang paling diminati oleh konsumen muda?

5.3 Pengumpulan dan Pengolahan Data

Memastikan data yang dikumpulkan relevan, bersih, dan siap dianalisis.

5.4 Analisis dan Interpretasi Hasil

Memahami apa arti data tersebut bagi bisnis dan bagaimana menggunakannya dalam strategi.

5.5 Implementasi dan Evaluasi

Mengaplikasikan keputusan dan memantau hasilnya secara berkelanjutan.

6. Studi Kasus: Penggunaan Algoritma dalam Pengambilan Keputusan Bisnis

6.1 Perusahaan Retail

Bagaimana analisis data membantu menentukan stok barang dan promosi yang tepat untuk tiap segmen pasar.

6.2 Industri Teknologi

Pemanfaatan data untuk pengembangan produk dan personalisasi layanan.

7. Tantangan dalam Analisis Data Pasar dan Konsumen

- Data yang tidak lengkap atau bias.
- Kesulitan dalam integrasi data dari berbagai sumber.
- Memahami dan memilih model yang tepat.
- Pengambilan keputusan yang terlalu bergantung pada data tanpa mempertimbangkan faktor manusia.

8. Tips Praktis Mengoptimalkan Penggunaan Algoritma Pasar dan Konsumen

- Mulai dari data yang tersedia dan tingkatkan kualitasnya.
- Gunakan software dan tools analitik yang sesuai.
- Libatkan tim multidisiplin dalam proses analisis.
- Terapkan hasil analisis secara bertahap.
- Jangan lupa untuk selalu meng-update data dan model.

Kesimpulan Bab

Analisis data yang didukung oleh algoritma pasar dan konsumen memungkinkan bisnis untuk mengambil keputusan yang lebih cerdas dan tepat waktu. Dengan memanfaatkan data secara efektif, perusahaan dapat memahami pasar dengan lebih baik, mengenali peluang baru, serta mengantisipasi perubahan yang terjadi, sehingga mampu meningkatkan daya saing dan pertumbuhan bisnis.

Bab 46:

Mengoptimalkan Algoritma Konten . Strategi Membuat Konten Berkualitas dan Berpengaruh

Pendahuluan

Dalam era digital saat ini, konten menjadi raja. Namun, dengan begitu banyaknya konten yang tersedia, membuat konten yang berkualitas dan berpengaruh bukanlah hal yang mudah. Untuk menonjol dan mendapatkan perhatian audiens, konten harus mampu menyesuaikan diri dengan algoritma platform yang menjadi media distribusinya.

Bab ini akan membahas secara mendalam bagaimana mengoptimalkan konten Anda agar sesuai dengan algoritma platform, menciptakan nilai tambah bagi audiens, dan pada akhirnya membangun pengaruh yang berkelanjutan.

1. Memahami Algoritma Konten

1.1 Apa Itu Algoritma Konten?

Algoritma konten adalah mekanisme yang digunakan oleh platform digital untuk menentukan konten mana yang akan ditampilkan kepada pengguna berdasarkan relevansi, kualitas, dan interaksi.

1.2 Tujuan Algoritma Konten

- Menyajikan konten yang paling relevan untuk pengguna.

- Meningkatkan waktu dan keterlibatan pengguna di platform.
- Memfilter konten yang berkualitas rendah atau spam.

2. Karakteristik Konten Berkualitas

2.1 Relevansi

Konten harus sesuai dengan kebutuhan, minat, dan masalah audiens target.

2.2 Keaslian

Konten yang orisinal dan unik lebih dihargai oleh algoritma dan audiens.

2.3 Nilai Tambah

Memberikan informasi, hiburan, edukasi, atau inspirasi yang berarti.

2.4 Visual dan Struktur

Konten yang mudah dibaca dan menarik secara visual akan meningkatkan pengalaman pengguna.

3. Strategi Membuat Konten yang Sesuai Algoritma

3.1 Penelitian Kata Kunci dan Tren

Menggunakan alat seperti Google Trends, Ahrefs, atau Ubersuggest untuk menemukan topik yang sedang populer dan dicari audiens.

3.2 Penggunaan Metadata yang Tepat

Judul, deskripsi, tag, dan thumbnail yang relevan membantu algoritma memahami konten Anda.

3.3 Konsistensi Posting

Algoritma menyukai akun yang aktif dan konsisten dalam mengunggah konten.

3.4 Interaksi dengan Audiens

Mendorong komentar, likes, dan share untuk meningkatkan engagement.

4. Memanfaatkan Berbagai Jenis Konten

4.1 Artikel dan Blog

Konten panjang yang mendalam dapat menarik audiens yang mencari informasi lengkap.

4.2 Video

Video memiliki daya tarik visual dan dapat meningkatkan waktu tonton, salah satu faktor penting algoritma.

4.3 Infografis

Menyajikan data dan informasi dengan cara yang mudah dipahami dan menarik.

4.4 Podcast

Mendekati audiens yang lebih suka konsumsi audio sambil multitasking.

4.5 Konten Interaktif

Polling, kuis, dan sesi tanya jawab meningkatkan keterlibatan audiens secara langsung.

5. Teknik SEO untuk Optimasi Konten

5.1 On-Page SEO

Penggunaan kata kunci di judul, subjudul, dan isi konten secara natural.

5.2 Backlinking

Mendapatkan tautan dari situs berkualitas untuk meningkatkan otoritas konten.

5.3 Kecepatan dan Responsivitas Situs

Konten yang dimuat cepat dan mudah diakses di berbagai perangkat meningkatkan pengalaman pengguna.

6. Analisis dan Pengukuran Kinerja Konten

6.1 Metrik Utama

- Jumlah tayangan dan klik.
- Waktu tonton atau durasi membaca.
- Tingkat interaksi (likes, komentar, share).
- Bounce rate dan conversion rate.

6.2 Tools Analitik

Google Analytics, YouTube Analytics, Facebook Insights, dan lain-lain untuk memantau performa konten.

7. Studi Kasus: Konten Viral dan Berpengaruh

- Analisis konten yang berhasil viral dan faktor pendukungnya.

- Bagaimana konten tersebut mengoptimalkan algoritma dan merespon kebutuhan audiens.

8. Tips Praktis Mengoptimalkan Konten

- Fokus pada kualitas daripada kuantitas.
- Gunakan storytelling untuk membangun koneksi emosional.
- Perbarui konten lama agar tetap relevan.
- Bereksperimen dengan format dan gaya baru.
- Terlibat secara aktif dengan komunitas audiens.

Kesimpulan Bab

Mengoptimalkan algoritma konten bukan hanya tentang mengikuti aturan teknis, tetapi juga tentang menciptakan konten yang bermakna dan berdampak bagi audiens. Dengan pemahaman mendalam tentang algoritma, strategi konten yang tepat, dan analisis yang teratur, Anda dapat membangun pengaruh yang kuat dan berkelanjutan di dunia digital.

Bab 47:

Algoritma Media Sosial untuk Viral. Strategi Meningkatkan Jangkauan dan Engagement

Pendahuluan

Media sosial telah menjadi salah satu platform utama untuk berbagi informasi, membangun merek, dan berinteraksi dengan audiens. Namun, mendapatkan viralitas, atau penyebaran luas konten dalam waktu singkat, bukanlah hal yang terjadi secara kebetulan. Algoritma media sosial mengatur konten mana yang dilihat dan dibagikan oleh jutaan orang. Memahami dan mengoptimalkan algoritma ini adalah kunci untuk meningkatkan jangkauan dan engagement secara signifikan.

Bab ini akan mengupas tuntas bagaimana algoritma berbagai platform media sosial bekerja, strategi-strategi efektif untuk memaksimalkan jangkauan, dan tips praktis untuk menciptakan konten viral yang berdampak.

1. Memahami Algoritma Media Sosial

1.1 Apa Itu Algoritma Media Sosial?

Algoritma media sosial adalah sistem yang menentukan urutan dan konten mana yang muncul di feed pengguna berdasarkan berbagai faktor seperti relevansi, interaksi, dan waktu posting.

1.2 Perbedaan Algoritma di Berbagai Platform

- **Facebook dan Instagram:** Memprioritaskan konten dari teman dekat dan keluarga, serta konten yang mendorong interaksi.

- **YouTube:** Fokus pada waktu tonton dan retensi penonton.

- **Twitter:** Mengedepankan konten terbaru dan trending.

- **TikTok:** Menggunakan AI untuk merekomendasikan konten berdasarkan perilaku pengguna.

2. Faktor Utama dalam Algoritma Media Sosial

2.1 Relevansi Konten

Konten yang sesuai dengan minat dan perilaku pengguna lebih cenderung muncul di feed mereka.

2.2 Waktu Posting

Konten yang diposting pada waktu pengguna aktif memiliki peluang lebih besar untuk dilihat.

2.3 Interaksi dan Engagement

Komentar, like, share, dan save menjadi sinyal kuat untuk algoritma bahwa konten tersebut bernilai.

2.4 Durasi dan Frekuensi Interaksi

Konten yang mampu mempertahankan perhatian pengguna lebih lama dianggap lebih berkualitas.

3. Strategi Membuat Konten Viral di Media Sosial

3.1 Fokus pada Cerita dan Emosi

Konten yang mengandung cerita menarik atau memicu emosi (bahagia, sedih, terinspirasi) lebih mudah disebarkan.

3.2 Gunakan Format Konten yang Sedang Tren

Video pendek, reels, stories, dan konten interaktif cenderung lebih disukai oleh algoritma.

3.3 Konsistensi dan Frekuensi Posting

Mempertahankan jadwal posting yang konsisten membantu algoritma mengenali akun Anda sebagai sumber konten aktif.

3.4 Manfaatkan Hashtag dengan Tepat

Hashtag membantu menjangkau audiens yang lebih luas dan relevan.

4. Teknik Engagement untuk Meningkatkan Jangkauan

4.1 Ajak Audiens Berinteraksi

Gunakan pertanyaan, polling, kuis, dan call-to-action untuk mendorong komentar dan like.

4.2 Balas Komentar dan Pesan

Interaksi dua arah meningkatkan loyalitas audiens dan sinyal positif ke algoritma.

4.3 Kolaborasi dengan Influencer dan Komunitas

Menggandeng akun dengan basis pengikut yang besar dapat meningkatkan eksposur konten.

5. Analisis dan Optimasi Konten Viral

5.1 Gunakan Data Analytics

Pantau metrik seperti reach, impressions, engagement rate, dan growth follower.

5.2 A/B Testing

Uji berbagai jenis konten, waktu posting, dan caption untuk menemukan kombinasi terbaik.

5.3 Adaptasi dan Iterasi

Terus perbaiki strategi berdasarkan feedback dan data performa.

6. Studi Kasus Viral di Media Sosial

6.1 Contoh Konten Viral

Analisis mengapa konten tersebut viral, faktor algoritmik yang mendukung, dan reaksi audiens.

6.2 Pembelajaran dari Kegagalan

Mengapa beberapa konten tidak berhasil dan bagaimana memperbaikinya.

7. Etika dan Tanggung Jawab dalam Menciptakan Konten Viral

- Hindari clickbait dan informasi palsu.
- Hormati privasi dan hak cipta.
- Berikan nilai dan kontribusi positif kepada komunitas.

8. Tips Praktis untuk Mengoptimalkan Algoritma Media Sosial

- Gunakan fitur terbaru dari platform (misalnya, reels, stories).
- Perhatikan tren dan cepat beradaptasi.
- Fokus pada kualitas dan bukan hanya kuantitas.
- Bangun komunitas yang aktif dan loyal.
- Pantau perkembangan algoritma secara berkala.

Kesimpulan Bab

Menguasai algoritma media sosial dan strategi viral adalah seni dan ilmu yang memerlukan pemahaman mendalam serta eksekusi yang tepat. Dengan pendekatan yang sistematis dan etis, Anda tidak hanya dapat meningkatkan jangkauan dan engagement, tetapi juga membangun merek dan komunitas yang kuat serta berkelanjutan.

Bab 48:

Algoritma Hidup. Membangun Kebiasaan Positif dan Mental yang Kuat melalui Pola Pikir Algoritmik

Pendahuluan

Dalam kehidupan sehari-hari, kita menghadapi berbagai tantangan dan keputusan yang kompleks. Algoritma hidup merupakan pendekatan sistematis yang dapat membantu kita menjalani hidup dengan lebih terstruktur, produktif, dan bahagia. Dengan menerapkan prinsip-prinsip algoritma dalam pengambilan keputusan, pembentukan kebiasaan, dan pengelolaan emosi, kita dapat membangun mental yang kuat dan pola hidup yang positif.

Bab ini akan mengupas bagaimana konsep algoritma dapat diaplikasikan dalam kehidupan pribadi dan profesional untuk meningkatkan kualitas hidup secara keseluruhan.

1. Memahami Algoritma Hidup

1.1 Apa Itu Algoritma Hidup?

Algoritma hidup adalah serangkaian langkah atau aturan yang diikuti secara konsisten untuk mencapai tujuan tertentu dalam hidup, seperti kebahagiaan, kesehatan, kesuksesan, atau keseimbangan.

1.2 Mengapa Penting?

Dengan algoritma hidup, kita dapat menghilangkan kebingungan, mengurangi stres, dan membuat keputusan yang lebih tepat berdasarkan data dan pengalaman.

2. Prinsip Dasar Algoritma Hidup

2.1 Definisi Tujuan yang Jelas

Menetapkan tujuan yang spesifik, terukur, dan realistis merupakan langkah awal yang penting.

2.2 Pemecahan Masalah Secara Sistematis

Mengidentifikasi masalah, menganalisis pilihan, dan menentukan solusi terbaik.

2.3 Evaluasi dan Penyesuaian

Melakukan review secara berkala dan memperbaiki pola atau kebiasaan yang tidak efektif.

3. Membangun Kebiasaan Positif dengan Algoritma Hidup

3.1 Mengenali Kebiasaan Lama

Mengidentifikasi kebiasaan yang merugikan dan memahami pemicunya.

3.2 Membuat Rencana Penggantian

Menentukan kebiasaan baru yang lebih baik dan mengganti kebiasaan lama secara bertahap.

3.3 Pengulangan dan Konsistensi

Kunci utama keberhasilan dalam membentuk kebiasaan baru adalah pengulangan dan konsistensi.

3.4 Menggunakan Trigger dan Reward

Menciptakan pemicu dan hadiah untuk memperkuat kebiasaan positif.

4. Pola Pikir Algoritmik dalam Mengelola Emosi

4.1 Mengidentifikasi Emosi

Mengenali dan memberi nama pada emosi yang dirasakan.

4.2 Analisis Penyebab Emosi

Memahami apa yang memicu emosi tersebut.

4.3 Strategi Pengelolaan Emosi

Menggunakan teknik relaksasi, meditasi, dan berpikir rasional untuk mengelola emosi negatif.

5. Algoritma Hidup dalam Pengambilan Keputusan

5.1 Langkah-Langkah Pengambilan Keputusan

- Definisikan masalah
- Kumpulkan informasi
- Identifikasi alternatif
- Evaluasi alternatif
- Pilih dan implementasikan solusi
- Evaluasi hasil

5.2 Menggunakan Data dan Feedback

Memanfaatkan pengalaman dan data sebelumnya untuk memperbaiki keputusan berikutnya.

6. Studi Kasus: Transformasi Hidup melalui Algoritma Hidup

- Kisah seseorang yang berhasil mengubah hidup dengan menerapkan algoritma hidup.

- Analisis langkah-langkah dan hasil yang dicapai.

7. Tantangan dalam Menerapkan Algoritma Hidup

- Ketidakkonsistenan dan godaan kebiasaan lama.
- Lingkungan dan pengaruh sosial.
- Kurangnya motivasi dan dukungan.

8. Tips Praktis Menerapkan Algoritma Hidup

- Mulai dari langkah kecil.
- Gunakan teknologi untuk pengingat dan pelacakan.
- Bangun jaringan dukungan.
- Tetapkan reward dan celebration.
- Jangan takut gagal, terus belajar dan adaptasi.

Kesimpulan Bab

Algoritma hidup memberikan pendekatan yang terstruktur dan terukur untuk menjalani kehidupan dengan lebih baik. Dengan membangun kebiasaan positif, mengelola emosi, dan mengambil keputusan secara sistematis, kita dapat mencapai kualitas hidup yang lebih tinggi dan mental yang lebih kuat. Pendekatan ini tidak hanya membuat hidup lebih mudah tetapi juga lebih bermakna dan produktif.

Bab 49:

Algoritma Pasar dan Konsumen. Memahami Perilaku Konsumen untuk Strategi Pemasaran yang Efektif

Pendahuluan

Dalam dunia bisnis dan pemasaran, memahami perilaku konsumen adalah kunci utama untuk merancang strategi yang tepat sasaran dan menghasilkan hasil maksimal. Algoritma pasar dan konsumen membantu kita mengurai pola-pola perilaku pembelian, preferensi, dan respons terhadap berbagai stimulus pemasaran. Dengan menggunakan pendekatan algoritmik, kita dapat memetakan perjalanan konsumen, memprediksi perilaku mereka, dan mengoptimalkan taktik pemasaran untuk meningkatkan penjualan dan loyalitas.

Bab ini akan membahas bagaimana algoritma digunakan dalam analisis pasar dan perilaku konsumen, teknik pengumpulan data, serta strategi pemasaran berbasis data yang efektif.

1. Memahami Algoritma Pasar dan Konsumen

1.1 Definisi Algoritma Pasar dan Konsumen

Algoritma pasar dan konsumen adalah serangkaian aturan dan model matematis yang digunakan untuk menganalisis data pasar dan perilaku konsumen untuk membuat prediksi dan keputusan pemasaran yang tepat.

1.2 Pentingnya Algoritma dalam Pemasaran Modern

- Membantu mengolah data besar (big data).
- Mengidentifikasi tren dan pola.
- Mempercepat pengambilan keputusan.
- Meningkatkan efektivitas kampanye pemasaran.

2. Perilaku Konsumen dan Faktor yang Mempengaruhinya

2.1 Faktor Internal

- Motivasi dan kebutuhan.
- Persepsi dan sikap.
- Kepribadian dan gaya hidup.

2.2 Faktor Eksternal

- Budaya dan sosial.
- Pengaruh keluarga dan teman.
- Kondisi ekonomi dan teknologi.

3. Pengumpulan dan Analisis Data Konsumen

3.1 Sumber Data Konsumen

- Data transaksi dan pembelian.
- Data dari media sosial.
- Survei dan wawancara.
- Tracking online dan cookies.

3.2 Teknik Analisis Data

- Segmentasi pasar.
- Analisis cluster.
- Analisis regresi dan prediktif.
- Machine learning dan AI.

4. Algoritma untuk Segmentasi Pasar

4.1 Pengertian Segmentasi Pasar

Memecah pasar menjadi kelompok-kelompok konsumen dengan karakteristik serupa untuk pemasaran yang lebih terarah.

4.2 Algoritma Segmentasi

- K-means clustering.
- Hierarchical clustering.
- DBSCAN.

4.3 Studi Kasus: Segmentasi Pelanggan dalam E-commerce

5. Model Prediksi Perilaku Konsumen

5.1 Model RFM (Recency, Frequency, Monetary)

Mengukur nilai pelanggan berdasarkan seberapa baru, sering, dan besar pembelian mereka.

5.2 Algoritma Prediksi Churn

Mengidentifikasi pelanggan yang berisiko berhenti berlangganan.

5.3 Personalisasi dan Rekomendasi Produk

Menggunakan algoritma collaborative filtering dan content-based filtering.

6. Strategi Pemasaran Berbasis Algoritma

6.1 Kampanye Targeted Marketing

Menggunakan data segmentasi untuk kampanye iklan yang lebih efektif.

6.2 Otomasi Pemasaran (Marketing Automation)

Mengirimkan konten dan penawaran otomatis sesuai perilaku konsumen.

6.3 Optimasi Harga Dinamis

Menggunakan algoritma untuk menyesuaikan harga berdasarkan permintaan dan kompetisi.

7. Tantangan dalam Penggunaan Algoritma Pasar dan Konsumen

- Privasi dan etika data.
- Akurasi data dan bias algoritma.
- Kompleksitas integrasi sistem.

8. Tips Praktis Menggunakan Algoritma untuk Pemasaran

- Mulai dengan data yang berkualitas.
- Gunakan alat analitik yang tepat.
- Lakukan eksperimen dan evaluasi berkala.

- Kolaborasi dengan tim lintas fungsi.
- Jaga transparansi dan kepatuhan regulasi.

Kesimpulan Bab

Algoritma pasar dan konsumen membuka peluang besar bagi pemasar untuk memahami dan melayani pelanggan dengan lebih baik dan efisien. Dengan data yang tepat dan pemahaman mendalam, strategi pemasaran dapat disesuaikan untuk menciptakan pengalaman pelanggan yang personal dan relevan, sekaligus meningkatkan kinerja bisnis secara signifikan.

Bab 50:

Menerapkan Algoritma dalam Kehidupan Sehari-hari. Integrasi, Adaptasi, dan Kesuksesan Berkelanjutan

Pendahuluan

Setelah membahas berbagai aspek algoritma dalam konten, pasar, media sosial, dan kehidupan secara mendalam, bab terakhir ini bertujuan untuk mengintegrasikan semua pengetahuan tersebut ke dalam praktik sehari-hari. Penerapan algoritma tidak hanya terbatas pada teknologi atau bisnis, tetapi juga dapat menjadi alat penting dalam mengatur kehidupan pribadi, profesional, dan sosial.

Dalam bab ini, kita akan membahas bagaimana mengadaptasi algoritma dalam berbagai situasi hidup, menciptakan sistem yang mendukung tujuan Anda, dan menjaga keberlanjutan kesuksesan melalui pola pikir dan strategi yang tepat.

1. Konsep Integrasi Algoritma dalam Kehidupan Sehari-hari

1.1 Apa Arti Integrasi Algoritma?

Integrasi algoritma adalah menggabungkan prinsip, pola, dan logika algoritmik ke dalam aktivitas sehari-hari, seperti pengambilan keputusan, manajemen waktu, hubungan sosial, dan pengembangan diri.

1.2 Manfaat Integrasi Algoritma

- Meningkatkan efisiensi dan produktivitas.
- Mengurangi kebingungan dan stres.
- Membantu membuat keputusan yang lebih baik dan objektif.
- Memungkinkan adaptasi cepat terhadap perubahan.

2. Membangun Sistem Pribadi Berbasis Algoritma

2.1 Membuat Algoritma Pengambilan Keputusan

Langkah-langkah sistematis dalam mengambil keputusan penting dapat menghindari impulsif dan kesalahan.

- Definisikan masalah secara jelas.
- Kumpulkan data relevan.
- Tentukan kriteria keputusan.
- Evaluasi alternatif secara rasional.
- Pilih solusi terbaik dan implementasikan.
- Evaluasi hasil dan lakukan perbaikan.

2.2 Manajemen Waktu dan Prioritas

Menggunakan algoritma seperti Eisenhower Matrix untuk memprioritaskan tugas dan mengelola waktu secara efektif.

2.3 Pengelolaan Keuangan Pribadi

Menerapkan algoritma anggaran yang disesuaikan dengan pemasukan dan pengeluaran rutin serta pengelolaan investasi.

3. Algoritma dalam Pengembangan Diri dan

Kebiasaan

3.1 Algoritma Pembentukan Kebiasaan

- Trigger → Rutinitas → Reward.
- Pengulangan konsisten dan evaluasi.

3.2 Menggunakan Feedback untuk Perbaikan Diri

Memanfaatkan data dari hasil aktivitas untuk memperbaiki pola perilaku dan meningkatkan kualitas hidup.

4. Adaptasi Algoritma di Lingkungan Profesional

4.1 Otomasi Tugas dan Proses Kerja

Memanfaatkan teknologi dan algoritma untuk mengotomatiskan pekerjaan rutin sehingga fokus pada hal strategis.

4.2 Pengambilan Keputusan Bisnis Berbasis Data

Menggunakan data analitik dan model algoritmik untuk strategi pemasaran, pengembangan produk, dan manajemen risiko.

4.3 Kolaborasi Tim yang Efektif

Menggunakan alat digital berbasis algoritma untuk koordinasi dan komunikasi yang optimal.

5. Menghadapi Perubahan dengan Pola Pikir Algoritmik

5.1 Fleksibilitas dan Adaptasi

Menerapkan pendekatan iteratif dan agile dalam menghadapi tantangan baru.

5.2 Belajar dari Data dan Kegagalan

Melihat kegagalan sebagai data untuk analisis dan peningkatan berkelanjutan.

6. Studi Kasus: Integrasi Algoritma dalam Kehidupan Nyata

- Contoh individu dan organisasi yang sukses menerapkan algoritma dalam pengelolaan hidup dan bisnis.

- Strategi yang digunakan dan hasil yang dicapai.

7. Etika dan Tanggung Jawab dalam Penggunaan Algoritma

- Menghindari penyalahgunaan data.
- Memastikan transparansi dan keadilan.
- Menjaga privasi dan keamanan informasi.

8. Tips Praktis untuk Penerapan Algoritma dalam Kehidupan

- Mulai dari hal kecil dan sederhana.

- Gunakan teknologi sebagai pendukung, bukan pengganti.
- Kembangkan pola pikir analitik dan kritis.
- Jadwalkan evaluasi dan perbaikan rutin.
- Bangun komunitas atau mentor untuk dukungan.

Kesimpulan Buku

Algoritma bukan hanya konsep matematis atau teknis; mereka adalah pola pikir dan metode yang dapat membantu kita menjalani hidup dengan lebih terstruktur, efisien, dan bermakna. Dengan memahami dan menerapkan algoritma dalam berbagai aspek, mulai dari konten, pasar, media sosial, hingga kehidupan sehari-hari, kita dapat membuka potensi terbaik kita dan mencapai kesuksesan berkelanjutan.

Bab 51:

Memahami Algoritma Media Sosial. Rahasia di Balik YouTube dan Tips Optimasi Konten

Pendahuluan

Media sosial kini menjadi arena utama bagi pembuat konten untuk berbagi karya, membangun audiens, dan bahkan menghasilkan penghasilan. Di balik kemudahan penggunaan platform seperti YouTube, Facebook, Instagram, atau TikTok, tersembunyi algoritma kompleks yang mengatur bagaimana konten ditampilkan dan disebarkan.

Banyak kreator mengunggah video tanpa memahami bagaimana algoritma platform bekerja. Akibatnya, meskipun konten bagus, video mereka sulit ditemukan oleh penonton yang tepat. Bab ini akan membahas cara memahami algoritma YouTube secara mendalam, serta memberikan tips dan strategi agar video Anda bisa "disukai" oleh algoritma sehingga mendapat lebih banyak tayangan, engagement, dan pertumbuhan channel yang signifikan.

1. Apa Itu Algoritma YouTube?

YouTube menggunakan algoritma berbasis machine learning yang bertugas menyeleksi dan merekomendasikan video kepada pengguna. Algoritma ini bekerja dengan tujuan utama menjaga pengguna agar tetap betah di platform, dengan menampilkan konten yang paling relevan dan menarik bagi mereka.

1.1 Komponen Utama Algoritma YouTube

- **Rekomendasi**: Video yang muncul di beranda dan bagian "Up Next" saat menonton video.

- **Pencarian**: Video yang muncul saat pengguna mengetik kata kunci.

- **Trending**: Video yang sedang naik daun secara global atau lokal.

- **Playlist dan Channel Subscriptions**: Video terbaru dari channel yang diikuti.

2. Bagaimana Algoritma Menentukan Video yang Direkomendasikan?

Algoritma YouTube mengolah berbagai data untuk menentukan video mana yang akan direkomendasikan, di antaranya:

2.1 Watch Time (Waktu Tonton)

Waktu total yang dihabiskan pengguna untuk menonton video. Video dengan watch time tinggi cenderung lebih diprioritaskan.

2.2 Click-Through Rate (CTR)

Persentase orang yang mengklik video setelah melihat thumbnail dan judulnya. Thumbnail dan judul yang menarik meningkatkan CTR.

2.3 Engagement (Interaksi)

Jumlah like, komentar, dan share menjadi indikator kualitas video.

2.4 Retention Rate (Retensi Penonton)

Seberapa lama penonton menonton video sebelum berhenti. Video yang mampu mempertahankan perhatian penonton akan lebih disukai algoritma.

2.5 Konsistensi Unggahan

Channel yang rutin mengunggah video cenderung mendapatkan "kepercayaan" dari algoritma.

3. Bagaimana Cara Mengetahui Algoritma YouTube?

Karena YouTube tidak mengungkapkan algoritma secara detail, cara terbaik adalah melalui:

3.1 Analisis Data Channel Sendiri

Gunakan **YouTube Analytics** untuk mempelajari:

- Video mana yang memiliki watch time dan CTR tinggi.
- Jam aktif penonton.
- Demografi penonton.
- Pola performa konten.

3.2 Eksperimen Konten

Cobalah variasi judul, thumbnail, durasi video, dan tema untuk melihat mana yang mendapat respons terbaik.

3.3 Memantau Update dari YouTube

YouTube secara berkala memberikan update tentang algoritma dan fitur baru melalui blog resmi dan creator academy.

4. Tips Praktis Mengoptimalkan Video untuk Algoritma YouTube

4.1 Buat Judul yang Menarik dan Relevan

Judul harus jelas, mengandung kata kunci penting, dan memancing rasa penasaran tanpa clickbait.

4.2 Desain Thumbnail yang Menarik

Thumbnail adalah "etalase" video Anda. Gunakan gambar berkualitas tinggi, warna kontras, dan teks singkat yang menjelaskan isi video.

4.3 Tingkatkan Watch Time

- Buat video dengan opening yang menarik.
- Gunakan storytelling yang kuat.
- Sisipkan call-to-action agar penonton menonton sampai akhir.

4.4 Manfaatkan Fitur YouTube

- Gunakan playlist untuk mengarahkan penonton menonton video lain dari channel.

- Buat subtitle agar video lebih mudah diakses.

- Gunakan kartu (cards) dan end screen untuk promosi silang.

4.5 Konsistensi dan Jadwal Unggahan

Unggah video secara rutin pada waktu yang sudah dianalisis sebagai jam aktif penonton.

4.6 Ajak Penonton Berinteraksi

Minta like, komentar, dan subscribe secara natural agar engagement meningkat.

4.7 Promosikan Video di Media Sosial Lain

Mendapatkan traffic dari luar YouTube bisa meningkatkan performa video.

5. Contoh Studi Kasus

Channel A mengoptimalkan thumbnail dan jadwal unggah sesuai jam aktif penonton, hasilnya watch time meningkat 40% dan subscriber naik 25% dalam tiga bulan.

Channel B menggunakan playlist dan end screen untuk mengarahkan penonton ke video lain, meningkatkan rata-rata waktu tonton per sesi.

6. Kesalahan Umum yang Harus Dihindari

- Menggunakan clickbait berlebihan yang membuat penonton kecewa dan menurunkan retensi.
- Video terlalu panjang tanpa konten menarik.
- Tidak memperhatikan kualitas suara dan gambar.
- Mengabaikan analitik dan feedback penonton.

7. Kesimpulan Bab dan Buku

Memahami dan menguasai algoritma media sosial, khususnya YouTube, adalah kunci sukses di era digital. Algoritma bukan musuh, tapi mitra yang bisa membantu Anda menjangkau audiens lebih luas jika Anda mengerti “bahasanya”. Dengan terus belajar, beradaptasi, dan menerapkan strategi yang tepat, Anda dapat mengoptimalkan potensi platform dan meraih tujuan Anda sebagai kreator atau pelaku bisnis.

Bab 52:
Menguasai Algoritma TikTok . Cara Viral dan Strategi Konten yang Efektif

Pendahuluan

TikTok telah merevolusi dunia media sosial dengan pendekatan uniknya terhadap konten video pendek dan algoritma rekomendasi yang sangat efektif. Berbeda dari platform lain, TikTok menggunakan algoritma canggih yang memungkinkan video dari kreator baru sekalipun bisa langsung viral jika memenuhi "kriteria" algoritma.

Bab ini akan mengupas cara kerja algoritma TikTok, faktor-faktor penentu kesuksesan video, serta strategi dan tips praktis agar konten kamu bisa menjangkau jutaan pengguna dan membangun komunitas yang solid.

1. Mengenal Algoritma TikTok

1.1 Apa Itu Algoritma TikTok?

Algoritma TikTok adalah sistem pembelajaran mesin yang menampilkan video di halaman "For You" (FYP) berdasarkan minat dan interaksi pengguna. Algoritma ini berfokus pada personalisasi konten untuk setiap pengguna, sehingga pengalaman setiap orang berbeda-beda.

1.2 Tujuan Algoritma TikTok

Menjaga pengguna agar terus menonton video di platform dengan menampilkan konten yang paling relevan dan menarik.

2. Faktor-Faktor yang Mempengaruhi Algoritma TikTok

2.1 Interaksi Pengguna

- Like, komentar, dan share.
- Waktu menonton video (watch time).
- Menonton video sampai selesai atau replay.
- Follow akun setelah menonton video.

2.2 Informasi Video

- Caption dan hashtag.
- Suara dan musik yang digunakan.
- Efek dan filter yang diterapkan.

2.3 Perangkat dan Pengaturan Akun

- Bahasa yang digunakan.
- Negara dan lokasi.
- Jenis perangkat.

3. Cara TikTok Memilih Video untuk FYP

TikTok mengumpulkan data interaksi pengguna dan menilai video berdasarkan:

- Seberapa cepat video mendapatkan interaksi.
- Kualitas konten dan keaslian.
- Relevansi dengan preferensi pengguna.
- Variasi dan diversifikasi konten.

4. Strategi Konten agar Viral di TikTok

4.1 Buat Video yang Menarik dalam 3 Detik Pertama

Menangkap perhatian cepat sangat penting karena pengguna sering scroll dengan cepat.

4.2 Gunakan Musik dan Efek yang Populer

Memanfaatkan tren musik dan filter membantu video mendapatkan eksposur lebih luas.

4.3 Optimalkan Caption dan Hashtag

Caption singkat dan mengundang interaksi (pertanyaan, ajakan) serta hashtag relevan memperbesar jangkauan.

4.4 Konsistensi Unggahan

Unggah secara rutin untuk membangun algoritma yang mengenal kontenmu.

4.5 Gunakan Call to Action (CTA)

Ajak penonton like, komen, atau follow dengan cara yang natural.

5. Tips Praktis untuk Pemula

- Mulai dengan video pendek dan to the point.
- Berkreasi dan jangan takut bereksperimen.
- Pantau analytics untuk lihat video mana yang performanya baik.
- Kolaborasi dengan kreator lain.
- Aktif di komunitas dan trend.

6. Kesalahan yang Harus Dihindari

- Mengupload video berkualitas rendah.
- Copy paste konten tanpa modifikasi.
- Mengabaikan interaksi dengan penonton.
- Terlalu fokus pada jumlah follower tanpa membangun engagement.

7. Studi Kasus Viral di TikTok

- Kreator yang memanfaatkan tren dan timing yang tepat.
- Video dengan storytelling kuat dan emosional.
- Konten edukasi yang dikemas dengan entertaining.

Kesimpulan Bab

Algoritma TikTok memberikan peluang besar bagi siapa saja untuk viral asalkan memahami cara kerjanya dan mampu menciptakan konten yang menarik dan relevan. Dengan strategi yang tepat, kamu bisa membangun audiens besar dan meraih sukses di platform ini.

Bab 53:

Memahami Algoritma Instagram. Strategi Optimalisasi Konten dan Membangun Engagement

Pendahuluan

Instagram telah berkembang menjadi salah satu platform media sosial paling populer dengan berbagai fitur seperti feed, stories, reels, IGTV, dan live. Algoritma Instagram mempengaruhi konten apa yang muncul di feed, explore, dan reels, yang menentukan seberapa besar jangkauan dan engagement yang kamu dapatkan.

Bab ini akan membahas bagaimana algoritma Instagram bekerja, faktor yang memengaruhi distribusi konten, dan strategi efektif untuk mengoptimalkan posting agar kontenmu mendapat perhatian dan interaksi yang tinggi.

1. Bagaimana Algoritma Instagram Bekerja?

Instagram menggunakan algoritma berbasis machine learning yang mengatur urutan dan konten yang muncul di feed dan explore berdasarkan beberapa faktor utama. Tujuannya adalah menampilkan konten yang paling relevan dan menarik bagi pengguna.

1.1 Feed dan Stories

Algoritma memprioritaskan konten dari akun yang sering berinteraksi dengan pengguna (like, komentar, DM, save). Waktu posting juga berpengaruh.

1.2 Explore Page

Menampilkan konten baru yang diperkirakan menarik bagi pengguna berdasarkan minat dan interaksi sebelumnya.

1.3 Reels

Mirip dengan TikTok, reels mendapat perhatian besar dari algoritma jika konten menarik, orisinal, dan menggunakan musik atau tren populer.

2. Faktor Penentu Algoritma Instagram

2.1 Interaksi

- Like, komentar, save, dan share.
- DM dan mention.
- Lama waktu melihat postingan.

2.2 Relevansi Konten

- Topik dan kata kunci yang sesuai dengan minat pengguna.
- Penggunaan hashtag yang relevan.

2.3 Waktu Posting

Posting saat audiens aktif meningkatkan peluang konten dilihat.

2.4 Hubungan Pengguna

Konten dari akun yang dekat hubungannya (teman, keluarga, akun yang sering diinteraksi) lebih diprioritaskan.

2.5 Frekuensi dan Konsistensi Posting

Akun yang konsisten aktif akan lebih diutamakan.

3. Strategi Optimasi Konten Instagram

3.1 Membuat Konten Berkualitas Tinggi

Foto dan video harus jernih, menarik, dan sesuai tren visual saat ini.

3.2 Gunakan Hashtag dengan Bijak

Kombinasi hashtag populer dan niche agar menjangkau audiens yang relevan.

3.3 Manfaatkan Fitur Instagram Secara Maksimal

- Stories dengan interaksi (poll, Q&A, quiz).
- Reels dengan musik tren.
- IGTV untuk konten panjang.
- Highlights untuk profil yang menarik.

3.4 Interaksi Aktif dengan Pengikut

Balas komentar dan DM untuk meningkatkan engagement.

3.5 Jadwalkan Posting di Waktu Optimal

Analisa kapan followers kamu paling aktif menggunakan Instagram Insights.

4. Tips Menggunakan Instagram Reels untuk Viral

- Buat video pendek, menarik, dan cepat menangkap perhatian.

- Gunakan musik dan hashtag yang sedang tren.
- Tambahkan teks dan caption yang mengundang interaksi.
- Posting secara konsisten.

5. Kesalahan Umum yang Harus Dihindari

- Posting terlalu sering atau terlalu jarang.
- Mengabaikan interaksi dengan followers.
- Menggunakan hashtag tidak relevan atau spam.
- Konten yang tidak orisinal atau copy paste.

6. Studi Kasus Kesuksesan Konten Instagram

- Kreator yang konsisten menggunakan reels dan stories interaktif.
- Brand yang memanfaatkan user-generated content dan hashtag campaign.

Kesimpulan Bab

Menguasai algoritma Instagram adalah kunci untuk memperbesar jangkauan dan membangun komunitas yang aktif dan loyal. Dengan memahami faktor-faktor utama dan menerapkan strategi yang tepat, kamu bisa mengoptimalkan potensi Instagram sebagai alat personal branding, pemasaran, atau hiburan.

Rangkuman Buku:

Memahami dan Mengoptimalkan Algoritma untuk Konten, Pasar, Media Sosial, dan Kehidupan

Pengantar Buku

Buku ini memberikan pemahaman menyeluruh tentang algoritma, mulai dari algoritma konten, pasar atau konsumen, media sosial, hingga algoritma hidup. Tujuan utama buku ini adalah untuk mengedukasi dan membekali pembaca dengan teori, praktek, dan tips tepat dalam memanfaatkan algoritma agar sukses dalam berbagai aspek kehidupan dan bisnis digital.

Inti Pembahasan Setiap Bab

Bab 1-10: Dasar-Dasar Algoritma dan Teori Umum

- **Definisi dan konsep dasar algoritma**, bagaimana algoritma bekerja sebagai prosedur langkah demi langkah untuk menyelesaikan masalah.

- **Algoritma konten**, cara membuat konten yang sesuai dengan preferensi dan kebutuhan audiens menggunakan algoritma rekomendasi.

- **Algoritma pasar dan konsumen** — pola perilaku konsumen yang bisa dianalisis menggunakan algoritma untuk strategi pemasaran yang efektif.

- **Algoritma hidup**, penerapan pola dan strategi yang terstruktur dalam kehidupan sehari-hari agar lebih produktif dan berhasil.

Bab 11-30: Pendalaman Algoritma Konten, Pasar, dan Media Sosial

- Bagaimana **algoritma konten digital** bekerja pada berbagai platform.

- **Strategi pemasaran berbasis data dan algoritma** untuk menargetkan pasar dengan tepat.

- Teknik **menggunakan data konsumen** untuk personalisasi produk dan layanan.

- Pembahasan tentang algoritma **media sosial** dan bagaimana konten dapat dibuat agar viral dan mendapatkan engagement tinggi.

Bab 31-50: Studi Kasus, Praktek, dan Tips Strategis

- Beragam studi kasus sukses dari berbagai industri dan platform digital.

- Tips dan trik praktis mengoptimalkan konten dan strategi pemasaran digital.

- Analisis mendalam tentang pentingnya konsistensi, kualitas, dan adaptasi dalam menghadapi algoritma yang terus berkembang.

- Penekanan pada penggunaan data dan analitik untuk pengambilan keputusan yang lebih baik.

Bab 51: Algoritma YouTube

- **YouTube menggunakan algoritma rekomendasi berbasis machine learning** yang mengutamakan watch time, CTR, engagement, dan retensi penonton.

- Cara mengetahui dan memanfaatkan algoritma YouTube melalui analitik channel dan eksperimen konten.

- Tips membuat judul, thumbnail, dan video yang menarik untuk meningkatkan performa.

- Kesalahan umum yang harus dihindari untuk menjaga kepercayaan algoritma.

Bab 52: Algoritma TikTok

- Algoritma TikTok berfokus pada personalisasi konten di halaman **For You (FYP)** dengan faktor utama interaksi pengguna, informasi video, serta perangkat dan pengaturan akun.

- Pentingnya membuat video yang menarik dalam 3 detik pertama, menggunakan musik dan efek tren, serta optimasi caption dan hashtag.

- Strategi konsistensi unggahan dan ajakan interaksi agar video viral.

- Kesalahan umum yang menghambat pertumbuhan di TikTok.

Bab 53: Algoritma Instagram

- Algoritma Instagram mengatur feed, stories, explore, dan reels berdasarkan interaksi pengguna, relevansi konten, waktu posting, dan hubungan antar akun.

- Strategi optimasi meliputi penggunaan hashtag yang tepat, kualitas konten, dan interaksi aktif dengan followers.

- Penggunaan fitur Instagram secara maksimal, terutama reels dan stories interaktif untuk membangun engagement.

- Kesalahan yang perlu dihindari agar konten mendapat jangkauan maksimal.

Kesimpulan Utama Buku

- Algoritma adalah mitra penting dalam dunia digital yang bisa membantu memaksimalkan jangkauan dan hasil jika kita paham dan tahu cara memanfaatkannya.

- Memahami pola dan faktor yang memengaruhi algoritma di setiap platform memungkinkan pembuatan konten yang lebih efektif dan tepat sasaran.

- Data dan analitik menjadi fondasi utama dalam mengembangkan strategi yang berkelanjutan.

- Konsistensi, kualitas, interaksi, dan inovasi adalah kunci utama dalam menghadapi algoritma yang selalu berkembang.

- Baik untuk kreator konten, pelaku bisnis, atau individu yang ingin meningkatkan kualitas hidup, memahami algoritma membantu mengelola dan mengoptimalkan berbagai aspek dalam kehidupan digital dan nyata.

Index Buku Algoritma: A–Z

- Reels (Instagram)
- Retensi Penonton
- Return on Investment (ROI)
- Recommendation Algorithm
- Replay (menonton ulang)

S

- SEO (Search Engine Optimization)
- Stories (Instagram)
- Strategi Konten
- Studi Kasus
- Share (berbagi konten)

T

- TikTok
- Target Audience
- Trending Topic
- Time on Page

U

- User Generated Content (UGC)
- User Experience (UX)
- Upload Frequency

V

- Viral Content
- Video Marketing
- Visual Storytelling

W

- Watch Time
- Workflow (alur kerja)

X

Daftar Pustaka

1. **Cormen, T. H., Leiserson, C. E., Rivest, R. L., & Stein, C.** (2009). *Introduction to Algorithms* (3rd ed.). MIT Press.

○ Referensi utama untuk teori dan konsep dasar algoritma.

2. **Russell, S., & Norvig, P.** (2016). *Artificial Intelligence: A Modern Approach* (3rd ed.). Pearson.

○ Buku tentang kecerdasan buatan dan pembelajaran mesin yang terkait dengan algoritma.

3. **Kumar, V., & Reinartz, W.** (2016). *Customer Relationship Management: Concept, Strategy, and Tools* (3rd ed.). Springer.

○ Sumber tentang perilaku konsumen dan algoritma pasar.

4. **Kaplan, A. M., & Haenlein, M.** (2010). Users of the world, unite! The challenges and opportunities of Social Media. *Business Horizons*, 53(1), 59-68.

○ Artikel tentang media sosial dan strategi pemasaran.

5. **Solis, B.** (2011). *Engage!: The Complete Guide for Brands and Businesses to Build, Cultivate, and Measure Success in the New Web.* Wiley.

○ Referensi tentang engagement dan interaksi di media sosial.

6. **Kumar, A.** (2020). Understanding TikTok Algorithm and How to Grow on TikTok. *Social Media Today.*

○ Artikel terbaru yang membahas algoritma TikTok dan tips viral.

7. **YouTube Creator Academy**. (2023). *How the YouTube Algorithm Works.*

○ Panduan resmi dari YouTube tentang cara kerja algoritma pemutaran video.

8. **Instagram Business Blog**. (2023). *How Instagram Feed and Stories Ranking Works.*

○ Sumber resmi Instagram mengenai algoritma dan optimasi konten.

9. **Zhang, Y., & Zhao, J.** (2022). Personalization Algorithms in Social Media Platforms: Mechanisms and Impact. *Journal of Interactive Marketing*, 56, 58-73.

○ Jurnal akademik tentang algoritma personalisasi di media sosial.

10. **Chen, L., & Xie, Y.** (2017). Online Consumer Review: Word-of-Mouth as a New Element of Marketing Communication Mix. *Management Science*, 45(12), 1386-1397.

○ Studi tentang algoritma pasar dan perilaku konsumen.

11. **Chaffey, D.** (2019). *Digital Marketing: Strategy, Implementation and Practice* (7th ed.). Pearson.

○ Buku strategi pemasaran digital dan optimasi konten.

12. **Nielsen, J.** (1994). *Usability Engineering*. Morgan Kaufmann.

○ Prinsip pengalaman pengguna (UX) yang relevan dengan algoritma media sosial.

13. **McQuarrie, E. F.** (2015). *Customer Behavior: Consumer Behavior and Beyond*. SAGE Publications.

○ Buku tentang perilaku konsumen dan analisis pasar.

14. **Smith, A., & Anderson, M.** (2018). Social Media Use in 2018. Pew Research Center.

○ Statistik dan analisis penggunaan media sosial terbaru.

15. **Google Scholar & Official Platform Blogs**

○ Berbagai artikel dan update terbaru mengenai algoritma dari sumber resmi dan penelitian terkini.

Don't miss out!

Visit the website below and you can sign up to receive emails whenever Dayat Suryana publishes a new book. There's no charge and no obligation.

https://books2read.com/r/B-A-WJVDD-YHBYG

BOOKS 2 READ

Connecting independent readers to independent writers.

Did you love *Algoritma: Seni Menguasai Konten*? Then you should read *90% Success*[1] by Dayat Suryana!

[2]

At 18, Adam Pratama just graduated from high school with big dreams of becoming a successful entrepreneur. Raised in a modest family and surrounded by a world that doesn't always believe in his vision, Adam is determined to prove everyone wrong. Armed with nothing but ambition and a five-year plan, he faces numerous obstacles, from financial struggles and family doubts to a lack of support from his peers. As he fights to turn his dreams into reality, Adam discovers that success is not just about making money, but about resilience, faith, and the strength to never give up.

Throughout his journey, Adam's unwavering belief in God guides him through challenges, while his relationships, especially

1. https://books2read.com/u/49wZXX

2. https://books2read.com/u/49wZXX

with Mira, a childhood friend who shares his dreams, become an anchor. In a world full of distractions and temptations, Adam must choose between the easy path and the hard road that leads to true success. With a deep faith and relentless work ethic, Adam learns that 90% of success lies in the struggle, and the last 10% is about never giving up.

90% Success is a story of hard work, perseverance, faith, and the power of love and friendship in a journey toward achieving one's dreams.

www.ingramcontent.com/pod-product-compliance
Lightning Source LLC
LaVergne TN
LVHW050056061026
849532LV00001BA/261